模倣の経営学　実践プログラム版

从1到100

模仿与创新的经营学

[日] 井上达彦◎著　詹　雪◎译

U0736370

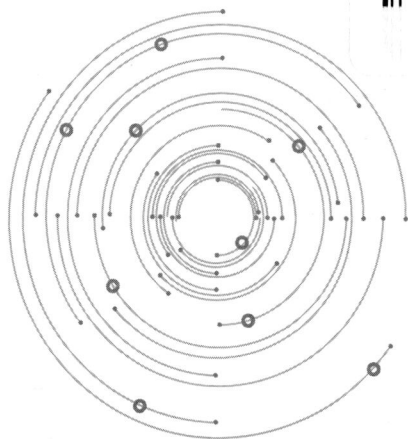

人民东方出版传媒
东方出版社

图书在版编目（CIP）数据

从1到100：模仿与创新的经营学 / (日) 井上达彦 著；詹雪 译. — 北京：东方出版社，2018.5
ISBN 978-7-5207-0244-7

Ⅰ.①从… Ⅱ.①井… ②詹… Ⅲ.①商业经营 Ⅳ.①F715

中国版本图书馆CIP数据核字（2018）第036624号

MOHO NO KEIEIGAKU JISSEN PROGRAM BAN written by Tatsuhiko Inoue
Copyright© 2017 Tatsuhiko Inoue.
All rights reserved.
Original Japanese language edition published by Nikkei Business Publications,Inc.
Simplified Chinese translation rights arranged with Nikkei Business Publications,Inc.
Through Hanhe International(HK)Co.,Ltd.

本书中文简体字版权由汉和国际（香港）有限公司代理
中文简体字版专有权属东方出版社
著作权合同登记号 图字：01-2017-8118号

从1到100：模仿与创新的经营学
（CONGYIDAOYIBAI MOFANGYUCHUANGXINDE JINGYINGXUE）

作　　者：〔日〕井上达彦
译　　者：詹　雪
责任编辑：陈丽娜　刘　峥
出　　版：东方出版社
发　　行：人民东方出版传媒有限公司
地　　址：北京市东城区东四十条113号
邮　　编：100007
印　　刷：三河市金泰源印务有限公司
版　　次：2018年5月第1版
印　　次：2018年5月第1次印刷
开　　本：880毫米×1230毫米　1/32
印　　张：9.375
字　　数：198千字
书　　号：ISBN 978-7-5207-0244-7
定　　价：49.80元
发行电话：（010）85924663　85924644　85924641

前言

最近总能听到"01"这个词。它的意思是从什么都没有的地方开始生产，也就是从无到有进行创造的意思。与此相关，从0到100——用来比喻使某事物产生其本身几十倍、几百倍的价值。

那么，所谓"01"，真的是完全从0开始诞生出新构想吗？从旁观察就会发现，很多例子看起来貌似"01"的情况，实则不然。

例如，即便是被称为创新之象征的苹果（Apple）公司，最初也并不是一味地追求独创性的。支撑公司初期成长的电脑麦金塔（Macintosh），虽然实现了图形用户界面（Graphical User Interface，以下简称GUI）和鼠标操作，但是GUI本身和鼠标是由美国施乐（Xerox）公司的帕洛阿尔托（Palo Alto）研究所开发的。初代iPod的设计以名为RioPMP300的MP3播放器为原型；而提供内容的平台——iTunes音乐商店（Music Store），据说则是参考了NTTdocomo的imode无线互联网服务模式。实际上，苹果公司是一家非常擅长模仿的企业。

美国俄亥俄州立大学的石家安（Oded Shenkar）教授，曾在他的著书《模仿的力量》（*Copycats*）中评价苹果公司是"组合模仿的达人"，意思是擅长把现有技术进行全新组合的企业。

实际上，已故的苹果创始人史蒂夫·乔布斯（Steve Jobs），也并非对模仿持完全否定的态度。他曾说过，"偷取优秀的创意并不会让我们感到羞耻"。

生物模仿

你知道生物模仿（bio-mimicry）这个词吗？它是指生物模仿或生态模仿，即通过学习自然界的生物和生态系统来进行人工物的设计。

飞机的模仿对象，不用说大家也知道是鸟类。当然人类即使是模仿鸟类腾空的瞬间拍打翅膀，也不可能进行飞翔。真正需要模仿的是，鸟类乘风而起后其稳定的飞翔姿态，在此基础上才会获得灵感。据说德国的奥拓·李林塔尔（Otto Lilienthal）就是以鹳为原型思索滑翔机的原理，并重复进行飞行试验的。莱特兄弟则是观察秃鹫得到了阻力与升力的启示，最终使得飞机成功飞行。

最近也有很多模仿自然界的事例。模仿生物的性质、构造和机能，对开发设计工业制品常常大有助力。

比如，日本引以为豪的新干线 500 系，其流线型车头设计，就是模仿翠鸟而诞生的。高速运行的新干线进入隧道时会产生极强的气压，这样在隧道出口就会发出"咚——"的噪声向四周扩散。为避免此现象，需要列车通过隧道时降低速度，但这势必会导致运行时间的延长。翠鸟在捕捉水中的鱼时，虽然高速飞翔，但其产生的水花却很小。由此人们得到启示：空气阻力最小化即可降低噪声。

500 系列车的模仿对象并不仅限于翠鸟。为了减缓导电弓的空气阻力，人们也参考了猫头鹰的飞羽。与其他鸟类相比，猫头鹰能够静谧地飞行并捕捉猎物。按照外行人的想法，一定是它翅膀的形状十分圆滑的缘故，实际上恰恰相反。猫头鹰羽毛的前端是锯齿状的，由此就会产生小型的旋涡。据说这样的旋涡可以抑制空气的紊乱。因此，新干线的导电弓也搭载有小小的凸起物，可以产生小型旋涡，让空气的流动更加平稳。

值得注意的是，仅仅通过分析并不能获得凭借生物模仿而找到的"最终答案"。比如新干线的外形设计，运用当时的解析技术，即便可以解决问题，也不太可能会设计出翠鸟的喙那样的形状。只有在进行整体设计后，根据情况对原有设计不断修改调整，才有了500 系列车如今的外形。导电弓的形状设计也是如此，从羽毛的前端获得灵感再一次次付诸实践才有了现在的构想。

与"自己的世界"相关联

可以说，商业领域的创新亦如此。

大和运输是为了改善长距离运输才想到宅急便的吗？便利店是为了弥补现有小卖店和超市的短板才产生的吗？商务模式也好，生产、流通的策划也好，如果没有一个整体的构思就不会有新的想法。大和运输与 7-11 便利店，也不是从 0 到 1，而是从模仿到创新（对其模仿什么感兴趣的读者，可以阅读之后的几页）。

本书推荐像大和运输与 7-11 便利店这样，同样是模仿，却能够带入整体的印象、性质、构造和机能的"模仿"。创新的本质在于通过新组合创造价值。把感到意外的东西作为"模仿对象"，将其与"自己的世界"相结合，即使这种带入仅出现在最初阶段，也会实现"要素与场所的全新组合"。

2016 年，中国的腾讯公司，其股票总市值达到了亚洲最高的 26 兆日元。实际上，腾讯也是通过几种类型的模仿组合而诞生的。本书的最后将会对其详细情况作出介绍。

本书是 2012 年日经 BP 社出版的《模仿的经营学——伟大的公司从模仿中诞生》的增补版。与初版的不同之处在于，本书按照模仿行为本身的顺序对章节重新做了编排。此外，全部 17 章中，第 3、4、6、7、10、11、16 章为新添加章节。这些新增加的部分主要阐释了实践层面上创造性模仿的思维方法。在介绍对实践有所帮助的手法时，本书有部分内容引用自拙作《黑天鹅的经营学》。

进行增补的理由，是因为我认为需要解释一些手法与思考方法，来突破开篇所述的"01 神话"。近年来，我在硅谷学到的一些经验，已经作为创新程序而逐渐体系化。其中，有些内容尚不为日本国内所知，有些内容则是与模仿本身的关联性很强。借此次日经 BP 社再版的机会，我希望把这些介绍给大家。

初版序　模仿的悖论

模仿是创造之母

有人说，"模仿是独创之母"。[①]

据说，莫扎特就是从模仿他人的音乐开始，最终谱出其独创的乐章的。

艺术性的经营或许也是从模仿开始。实际上，我认为在商业领域，能够颠覆常识、创立新事业的那些著名的经营者，就非常擅于模仿并且懂得如何参照他人。

你知道吗？据说黑猫大和宅急便的创业灵感就来自于吉野家的牛肉饭。创立宅急便的小仓昌男在他的作品《小仓昌男的经营学》中写道：在看到仅靠牛肉饭就成长起来的吉野家后，他便冒出了"专注运送货物"的想法。

在推进宅急便的业务进程中，他的参照对象并非仅吉野家一个。前往纽约进行业务指导与视察时，"在十字路口，我不经意间

---

① 文艺评论家小林秀雄曾说："模仿是独创之母，是人唯一的母亲。强行将二者分开，不过是近代才有的做法。"

注意到以交叉口为中心，路边停了 4 辆 UPS（United Parcel Service）的车"。从那时起，他确信了以收发密度为基轴、开展到家配送业务的可能性。

对 7-11 之父铃木敏文来说，他也有同样的经验。听说，铃木在前往美国进行工作视察的途中，看到 7-11 的招牌，直觉告诉他，能够拯救日本小规模零售店的就是"这个"。在运营多家小规模店铺的 7-11 背后，其业务协作之所以能够顺利开展，正是因为其中存在着某种本质性的体系。

实行多种业务改革的沃尔玛创始人山姆·沃尔顿（Sam Walton）曾说，"我所做之事的大部分，都是在模仿他人"。所谓伟大的公司，正是从模仿中诞生的。

一般而言，模仿或者仿效，总让人觉得与独特性或创造性背道而驰。正如在日本有"像猴子一样模仿（猿真似）"、在欧美有"拷贝猫（copycat）"这种词一样，放眼世界，人们对于模仿者投以否定目光的情况并不少见。在寓言故事中，也有愚蠢的动物进行不恰当的模仿，结果倒大霉的事例出现。

的确，如果是贬损对手的模仿，确实不能称之为创造性的模仿。比如，得知竞争对手将推出具有划时代意义的新产品，于是先下手为强，抢先推出类似产品。这种加速同类产品贬值的策略不是创造性模仿。或者，不顾客户利益、胡乱模仿的无差别战略，也不能说其具有创造性。

如此，就算模仿本身是个正确选择，却总会让人感觉到一丝狡猾的气息。

抄写曾是一种美德

但是，也有人说，直到近世人们才普遍觉得模仿是不好的事情。自古以来，大家都尊崇一点，那就是抄写底本是学习的基础。据说，古罗马时代，学生们都要勤奋地进行模仿训练，从背诵、抄写到用自己的话进行解释。那时，模仿是追求独创性与创造性之路上不可或缺的技能，人们也鼓励去慎重地选择模仿对象。

东方的抄经也是同样的道理吧。回顾往昔，模仿本身正是一种美德。

让我们再看看重视创造的艺术领域。如果详细地调查那些被称为具有创造性的作品，几乎可以说，它们都存在向模仿对象学习的痕迹。小说、绘画或是音乐，凡是被评价为具有独创性的，都会参照或引用过去伟大的作品。在此基础上，我们才会强调它与其他作品的差异和独创性。

法国作家夏多勃里昂（Chateaubriand）曾一言中的："所谓具有独创性的作家，并不是说他谁都不模仿，而是谁都模仿不了他。"[①]

即便是自成一派的小说家，在其初出茅庐之时也会模仿其他作家。在不断模仿、不断积累随之而来的错误经验的过程中，他才会形成独一无二的文风。

可以说在商业领域也是这样。即便是其他公司怎样也模仿不了的事业结构，调查之下就会发现，它或多或少也是通过模仿而来。不可模仿的结构正是通过模仿诞生，这就是"模仿的悖论"。

---

① 原文是："The original writer is not the one who refrains from imitating others, but the one who can be imitated by none."

果真如此的话，正是由于要追求独创性，模仿的力量反而变得更重要。我们应该懂得模仿的方式，在进行模仿之前掌握要领，不断提高自己的模仿能力。

模仿是知性行为

那么，应该怎样提高模仿能力呢？擅长模仿的企业，到底是什么时候、从谁那里、模仿了什么、又是怎样模仿的呢？看起来，仅仅模仿眼前的竞争对手并不可行。

模仿什么、怎样模仿，这实在是一个难以回答的问题。为了什么而模仿呢？眼下，自己的能力到底如何呢？如果不能明确地认识到这些问题，就连寻找模仿对象都是不可能的。

即便找到了理想的模仿对象，从哪个侧面、多大程度上进行参照，这绝不是一种简单的行为。模仿是一种需要高度理性的知性行为。

这种理性恰恰就是独创性的源泉。理性，正是解开模仿悖论的钥匙。

罗多伦（Doutor）咖啡的创始人鸟羽博道这样说过：

音乐、陶艺、美术、运动等各种领域中被称为大家、著名选手的人们，总是从模仿前辈开始，为了超越他们而不断积累和进步的。据说，天才画家毕加索从年轻的时候起，就不断通过参考友人的构图来磨炼自己作为画家的素养。说难听一点，就是偷窃，因此友人们说，"毕加索来了，自己的作品就会被偷，我们就比不上他啦"。

甚至有逸闻说，毕加索一出现，周围的画家就把自己的画藏起来。就连毕加索，最初也是从模仿、见习开始绘画的。

所以，如果我们也遇到了优秀的人物、不错的东西，不是也应该不顾羞耻、努力模仿学习吗？我在创业初期，也曾熟读松下幸之助、土光敏夫和其他许多优秀人士的书，作为日本具有代表性的经营者，他们在怎样的时机、如何思考、又是怎样行动的，我那时几乎都能背下来。

"学习"的词源正是"模仿"，由此我们或许可以认为，只有彻底的模仿才能实现深刻的理解。资生堂的创始人福原有信曾说，"表面的模仿是行不通的。要做的话只有彻彻底底从最基本的开始。"他也强调了彻底模仿的意义。

在此之前，已经有许多关于模仿与创造性的经营类书籍和商务类图书，但是它们基本上都停留在指出创造性这一点而已。本书将从创造性诞生的逻辑入手，深入思考从模仿到创造的作法与心得。

两种类型的模仿

请允许我先把结论放在这里：我认为世上至少有两种创造性的模仿方式。第一种模仿，是为了提高自身，从遥远的地方进行出乎意料的学习。就商业领域来说，即从优秀的模仿对象那里获得灵感，模仿并创建自己独特的结构。

第二种创造性的模仿，是从顾客的利益着眼，从反面教材中学习良性的知识。这其中包含以业界的恶性事例为反面教材、发起创新活动的意思。

例如，格莱珉（Grameen）银行，把现有银行不向贫困阶层融资的情况作为反面教材，建立了小额贷款的经营模式。这种模式秉持共存共荣的精神，顾客与供应商方面自不必说，就连银行直接的竞争对手都不会感到负担，可以说是一种非常优秀的模仿。

朝日集团控股公司总经理泉谷直木，针对通过与对手竞争而形成的模仿关系，曾说过这样的话。

竞争有两面，一面叫争胜负，一面叫学习。如果只把对手当作竞争敌手，那双方都不会成长。若是能够以敌为鉴，我们或许可以把它当作反面教材进行学习。

不仅是对手，若我们能把他人的摸索尝试和成果也作为自己的经验与诀窍，那将再好不过。说起来，任何风险都要自己来担的话，一个人有几条命都是不够的。如果他人的经验能为顾客的利益和社会的创新服务，那么对它们的模仿是值得称赞的。

正如哲学家蒙田所说，"比起愚者向贤者所学，贤者向愚者所学的要多得多"。

若真是如此，那么我们正应该成为一名贤者。

目录

基础

第 1 章　猜谜——隐喻与新组合

获得新构想

你曾听过"隐喻"这个词吗？所谓"隐喻"（Metaphor），是比喻的一种，它不像明喻那般明显地指出"像……一样"，而是一种暗喻。

Metaphor 一词出自希腊语。其中，Meta 意为"超越"，phor 则是"搬运、携带前行"的意思。所以 Metaphor 含有从一个世界走向另一个世界、超越界限前进的意味。

Metaphor 有两种情况：一种是采用熟悉的事物作为喻体说明不熟悉的事物，比如"挤满寿司的状态"这个词就是这样。通过已知来说明未知，如此瞬间就能让人理解其本质如何。这种促进理解的隐喻，用专业术语来说叫"修辞学的隐喻"。

之所以称它为"修辞学的"，是由于这类隐喻能够凝缩多种概念。凡事总有多个侧面，若是平面地进行解释，常常并不能如实地传达其本质。然而若是使用隐喻，则可以简洁地表达其内涵。因此，这类隐喻的重要作用是促进理解。

与之相反，另一种隐喻则是用不熟悉的喻体比喻熟悉的事物。用并不相配的喻体来进行说明，即便是已知的东西，也会因大脑受到刺激而产生新的构想。把乍看之下毫不相关的两种东西结合在一起，就会源源不断地迸发出各种构思——这就是促进发现与学习的隐喻，我们称之为"认知型隐喻"。

这样说来似乎有些难以理解，实则不然。

"若提到 A，就会想到 B，其中的联系在于……"

这是落语的"猜谜"环节中会出现的"题目"。也就是选择两个乍一看毫不相关的词语，把其中的共同点作为逗眼的语言游戏。实际上，商业中出现的新组合与这种猜谜游戏非常相似。

比如说，经常提到的一则谜面是，说到"铁"，就会想到"年轻人"，其联系在于"趁热打铁"，也就是说锻造的时机非常重要。

我并不是在这里和大家玩语言游戏，而是希望读者能够注意到二者共通的本质。也就是和大家一起来解题：提到商业 A，就会联想到商业 B。

比如说，提到"租售录像带"，就会联想到"消费者借贷"。其中的联系是，它们都让人感觉"好像是一种高利贷"。

实际上，据说创办了 DVD/CD 的租赁店——TSUTAYA 的增田宗昭，就是靠抓住了租赁生意与金融界的本质联系而起家的。[①]

---

① 引自 1993 年举办的"现代经营学研究学会"创立纪念论坛上的演讲。此学会由神户大学大学院经营学研究科创办，以产业界与大学之间的知识转移、共享和积累为目标。笔者当时是神户大学的研究生，曾与年轻的增田先生有所交谈，后负责起草这次演讲的文字内容。

TSUTAYA 创办时，单张 CD 的进价为 1 张 600 日元。如果出租 2 日 1 夜的话就可以得到 100 日元的租金。由于 CD 也会被完整地归还回来，这等于说 1 天就可以得到 10% 以上的利息。在金融界，这完全就是触碰了利率上限。金融界把 10 天收取 1 成的法外利息称为"十一"，而 TSUTAYA 可以说是得到了超过其 10 倍的利润。

一位企业家听说增田的事迹后称，租赁业务的特性，"即便不是金融，也可以说是物融了"。

"哎，这是怎么回事？"像这种听了让人感到惊讶、疑惑的隐喻会不断引发新的构想。在探索毫不相关的两种事物的关联性时，人们就会发出"原来如此"的感慨。

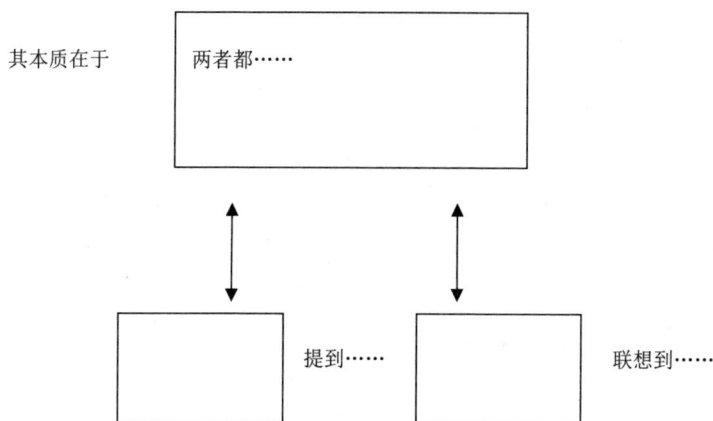

图 1-1　"猜谜"设想的结构

从模仿其他行业开始

通过意外的组合催生新事物、获得新构想的例子并不少见。

你知道吗？丰田生产体系就是从超市获得灵感而诞生的。被称为丰田生产体系之父的大野耐一，在听说美国的超市运营方式之后，将其应用到自己的目标——"Just in Time"体系。[①]

大野的创新之处，在于从模仿而生的逆向思维。汽车的生产流程，是把材料加工为零件，零件组合成标准化部件，之后将其拼装完成。此前的生产流程，都是基于前期工序为后期提供零件的想法而进行的，大野却把它逆转而施。计划性地大量生产同一物品时，挤压式的生产尚可运转；但若要分别少量地生产不同物品，牵引式的生产则更加适合。如此一来，就变成"必要的东西、在必要的时候、只取必要的量"。购买者不需再购买多余的物品，供给方也只需生产必要的数量。

大野在他的著作《丰田生产方式》中说道：

我在超市中获得的启示，就是把超市看作生产线的前期工序会如何呢。顾客作为后期工序，只会在必要的时间，前往超市这一前期工序，购买必要数量的必需品，而前期会马上补足后期取走的量。这样的操作跟我们的大目标"Just in Time"不是不谋而合吗？于是，我们从昭和28年（1953年）开始，在总部的机械加工厂实地应用了这套生产体系。

当时，用扁担挑着箩筐或小桶走街串巷的"叫卖"，和以"推销"为代表的上门贩卖还非常普遍。而且，即便存在所谓的零售，也是

---

① 关于丰田的生产模式，出自大野（1978）的著书。关于丰田具体是怎样向福特和超市学习的，请参考和田（2009）的著作。

售货员在市场上一边吆喝一边卖货。

在这种情况下，对于大野来说，超市可谓是一个新鲜的概念。在超市，顾客不会被售货员强卖，而只需自助带走必要数量的必需品。超市简直是一种新形态的商店——"必要的东西、在必要的时候、只取必要的量"。

买家无须购买多余的物品，卖家也不用带着多出的商品到处走。

用大野的话讲，"从卖家的角度来看，比起日本以往的'先用后买'、'推销'和'叫卖'等买卖方式，（超市）省掉了因为不知何时才会卖掉而一直随身携带的麻烦"，可以说是非常合理的安排了。因此，自 20 世纪 50 年代开始，丰田公司内部开始着手研究超市模式，并将其构想尝试应用于生产现场。

令人称奇的是大野的想象力，因为这一构想并不是他前往美国观察超市之后所得。丰田公司到美国的福特和 GM 工厂学习、观摩是在 1956 年，那是他第一次到超市观察。由于在观摩之前就已经开始研究，到实地一看，一种"果不其然"的感觉不禁油然而生。

从模仿入手，追求独创性

可是，想要引入"必要的东西、在必要的时候、只取必要的量"这一新构想，却产生了新的问题，那就是在超市也会发生的缺货情况。特定的顾客如果一次性购入大量同一商品，短时间内商品就会卖光。同理，如果后期工序一次性使用大量同一部件，前期的库存就会瞬间成零。因此，如果前期备有大量库存，库存费只能转嫁给分包的部件生产商。

想根本解决这一问题，就要力求避免大量采购或完全滞销的数量波动。这就意味着，作为后期工序的丰田汽车自身，需要尽可能使其生产量平均化。

为了挑战平均化这一任务，大野又一次向业界的常识发起挑战。

一次性大量生产同一部件，既能保证效率，又可降低成本，这是生产现场的常识。因而，或许应该根据车型的不同而设置其专用的生产线，若是有困难的话，那么集合一下，上午生产科罗娜（Corona），下午生产卡瑞那（Carina），这是普通人会想到的办法。

但是这样一来就无法实现平均化。为了缩小（不同产品）生产量的高低差，必须尽量减少一次性批量生产的数量。于是，丰田公司在同一条生产线上交互生产科罗娜（Corona）与卡瑞那（Carina）两种车型。而且，即便是生产同样的科罗娜（Corona）系列，也会根据市场需求，每生产一辆小轿车，就生产三辆跑车和客货两用车。

想要实现这一目标就会面临一个大难题。更换冲床的金属模具需要时间，这势必需要停产。然而丰田不仅大幅缩短了作业时间，并且同时实现了平均化和多品种、少数量的生产方式。群策群力，发挥智慧，历经现场的多次尝试，丰田终于建立起现在的生产体系。

模仿海外

日本 7-11 便利店的诞生背后，也有这样的经历。从 7-11 创业不久即进行密集采访的绪方知行，在他的《7-11 零售圣经》一书中记载了当时的情况。

1973 年，作为伊藤洋华堂的子公司——7-11·Japan 成立了。

1970 年前后，正值大型超市蓬勃发展的时期，不断开业的大型超市与当地的零售商之间渐生嫌隙。之后，作为伊藤洋华堂的代表之一，7–11·Japan 之父铃木敏文亲自前往准备开店的当地，希望说服小卖店的店主能够"与大型超市共存"，结果被当地人说成"强词夺理"。

正愁怎样才能向零售商展示共存共荣的可能性时，他恰好遇到了在美国本土不断发展的 7–11。当时为了推进与美国家庭餐厅 Denny's 的合作，他有很多到美国出差的机会。当铃木看到 7–11 时，直觉告诉他，就是"这个"了。

据说，铃木当时确信：如果能够顺利导入这类商业结构，不仅可以复苏日本的零售店，也能够向人们证明其与大型超市共存的可能性。

美国 7–11 便利店的这种零售模式，由美国的桑斯兰德（Southland）公司发明，具有以下特点：

（1）相比超市需要准备数万种商品，便利店只需要准备 1300 种左右，进行小型店铺经营。①

（2）选址靠近住宅区，可以省去顾客为购物而花费的开车时间。

（3）一般零售店的营业时间是朝 10 晚 5，而 7–11 则将营业时间延长至朝 7 晚 11。

（4）超市的自助服务比较乏味，这里则追求一种亲切的便利感。

---

① 桑斯兰德公司根据调查发现，备有大概 1300 种商品就可以覆盖重复购买商品中的大部分。

铃木与桑斯兰德合作，开始动员公司引入这种零售模式。当时伊藤洋华堂的总经理是伊藤雅俊，他认为"万物皆可为师"，而且其本人十分擅长并积极模仿其他公司，然后转化成自己的东西。在他看来，"他人的经验只能为我所有"，所以伊藤十分希望模仿美国的各种零售模式并将其引进日本。为学习 7-11 在美国成功的经验，伊藤洋华堂与桑斯兰德签订条约，向其支付营业额 0.5% 的知识产权使用费。比起与桑斯兰德合资，伊藤更期待的是技术层面的合作。

不过，尽管基本操作都沿袭美国模式，7-11 却并没有完全照搬。为了在日本普及便利店的概念，他们着实下了不少功夫。"即便情况大致相同，在零售业的现实中还是存在许多差异。因此，我们是把对方的技术完全转化成自己的东西，实现了日式的脱胎换骨之后才引进的。"[1]

完全从美国照搬的主要有三点：（1）7-11 的商标；（2）知识产权使用费，并非根据营业额而是毛利率进行计算；（3）便利店的概念。

除此之外，也有其他许多地方需要改进。比如根据地域特点提高开店密度的最优算法，以及指导加盟店经营的区域咨询顾问，这些虽然都是来自美国，却要根据日本的实际情况进行调整。

而且，要实现生活便利，让日本的顾客感受到"方便"，仅准备 1300 种商品是不够的，伊藤认为至少需要 3000 种左右才可能办到。

要准备 3000 种日常生活的必需品，仅与特定的业主批发商或

---

① 这是铃木敏文在绪方知行的采访中所发表的言论。

者 1 家生产销售公司合作是远远不够的。因此，当 1976 年加盟店超过 100 家时，7-11 提出了"共同配送体系"新提案。分区域设置配送中心，在那里集中厂商的商品，然后向加盟店进行配送。如此，一改之前由生产商进行分别配送的形式，而是共同运输多家厂商的商品，可以说此举是一项划时代的提案。

关于下单方式，为减轻下单店铺和接单厂家的负担，也开始实行电子化下单。给每件商品都贴上条形码，这样店铺的下单责任人就可以按商品的排列顺序，逐个检查商品并决定下单量。

此后，7-11 也不断改进物流与信息系统，最终成就了其他公司无法比拟的事业版图。在谦虚地学习便利店这种经营模式的根本原理与原则之外，7-11 也不断根据日本市场的具体情况做出改进。

关于这一点，还有一件奇闻。在美国的 7-11，店里会卖汉堡与三明治。而当时日本还没有这样的快餐文化，那么引入 7-11 时应该怎么做呢？有人说就按美国的做好了，然而铃木却说："不，在日本我们应该做豆沙包、肉包子、寿司和饭团。"这话让周围的人大吃一惊。

从异世界获得灵感

也有人是从与商业毫无关系的地方获得灵感的。谷歌（Google）创始人之一 —— 拉里·佩奇（Larry Page）就是基于学术界的某种通行惯例开发了搜索引擎。

在其开发之前，市面上已经存在许多搜索引擎。比如 Web-Crawler、Lycos、Magellan、Excite 和 Hotpod 等。但是，无论哪一个都无法完全满足互联网用户的需求。因为它们总会搜出许多无意义的信息，或者其置顶的信息用户并不需要。

雅虎（Yahoo）为了解决这一问题，一度雇用网页编辑进行人工整理，然而人力很快就无法应对呈几何级数增长的网页。

这时佩奇注意到网页上挂满的"链接"。因为链接会让某一网站的页面与其他网页相关联，从而提升整体网络的活力。

佩奇在观察了许多网页上的链接后，联想到学术论文中的引用。[①] 越是评价高的学术论文，引用的数据就越多。同理，可以认为链接越多的网站，人气也越高。在之后的采访中，他这样说道：

引用是很重要的。像获得诺贝尔奖人士的论文，要引用1万多篇别人的论文呢。（假设某篇论文被科学文献多次引用）那是因为这样的论文很重要。很多人会认为它具有被谈及的价值。

基于网站的链接数和学术论文的引用数是同样道理的思考，佩奇在此基础上开发了搜索引擎。在网页链接中，有一些重要网页会产生许多外部链接，而另一些则不会。因此，佩奇最终认为，要把所有的网页链接区别对待，只重视那些特定的、有许多扩展链接的网页即可。

基于这样的思考，评定等级系统"Pagerank"终于诞生。不用说，这里暗嵌了网页的 page 和他的名字佩奇（Page）的双重含义。

---

① 据说佩奇的父母都是研究者，他本人也曾立志做一名学者。正是如此，他才会明白引用数据的重要性。

模仿的连锁反应

丰田的生产体系、7-11 的流通体系与谷歌的搜索引擎，都是从模仿对象那里学习其根本的原理与原则，之后在生产实践中不断解决矛盾、完善结构，最终形成了对手难以模仿的生产体系。通过模仿产生的体系，最后居然能够超越其原始版本。

通过模仿得到的体系 2.0，最终超越其模仿对象，这件事情意义重大。为什么这么说呢？因为通过模仿，更新一代的体系也有可能继承原始版本与体系 2.0 的优点，并将其发扬光大。这种现象，我们可以称之为模仿的连锁反应。

以丰田为例，它不仅参考了超市模式，还以福特的生产体系为模仿对象，才最终建立起超越福特的、独特的生产体系。福特最初的生产流程，是依靠传送带进行流畅的生产。只需移动汽车的底盘，就可以省去搬运零件的时间。而且，由于零件会源源不断地传送过来，生产流程能够毫无阻碍地顺利进行。

丰田虽然在促进生产流程流畅性这一点上模仿了福特，却没有采用其送交零件这种推动式生产方式，而是采用了像在超市购物一样，只在必要的时间、取走必要数量的必需品的拉动式生产。也就是说，丰田一边对福特的生产体系进行模仿，一边又以颠覆常识的构想重塑了生产流程。

如此一来，丰田生产体系成为业内外模仿的对象。从日本国内的汽车生产商开始，逐步演变成连美国的汽车生产商都把它称作

"精益（Lean）生产"① 而拼命研究。GM 公司不仅从外部进行模仿，甚至与丰田合作成立了合资公司——新联合汽车制造公司 NUMMI，试图从内部对丰田进行模仿。

不过，同为汽车生产商，据说还没有一家企业能够和丰田同水准地实现（精益生产）。② 有的因为并非出于真心进行模仿，有的则是劳资关系等情况与丰田不同。不过，在行业外也有公司能够回避这些问题，导入丰田生产体系，最后走向成功。实际上，丰田生产体系也正在逐步走向其他领域，我们常能听到其在各行业中的成功事例。③

可以看出，通过以福特公司的结构为"模仿对象"而逐步进化

---

① 20世纪80年代，被日本汽车生产商的攻势所围困的美国，以 MIT（麻省理工学院）为中心组建了研究小组，研究丰田生产体系。所谓的精益（Lean）生产，是由 MIT 的研究者们提出的概念，它是提取丰田生产体系的某一侧面、将其作为本质而抽象化的概念。其基本意义是，系统性地排除生产过程中的浪费，以减少总成本的消耗。精益（Lean）一词，源自没有浪费或是紧绷式生产。自从20世纪90年代引入精益（Lean）生产模式后，它成为美国其他制造业的模仿对象。

② 关于这一点，藤本（2004）在他的书中这样写道："克莱斯勒公司曾经多次渡过难关。特别是在生产制造方面，作为'学习他人的组织'，我曾经评价它是十分优秀的。然而即便是克莱斯勒，也很难再现丰田公司的组织能力。"

③ NPS 研究会一直致力于普及丰田生产体系。它由牛尾（USHIO）电机总经理木下干弥牵头，于1978年开始自主主持有关丰田生产体系的改善研究会。1982年，研究会迎来大野耐一（丰田汽车工业原副总经理）作为高级顾问，从此研究会活动走向正规化。目前，研究会不仅致力于排除生产、经营、设计、开发、配送、货款回收等流程中产生的浪费，也一心改善经营整体的系统布局。

研究会为了促使优秀的生产与经营体系相互学习，在会员与活动方式上下足了功夫。（1）通过限定1个业种1家公司的方式，促使会员之间不必相互隐瞒；（2）限定入会的会员必须是最高责任人，这样就可以促进以实践为前提的互相学习；（3）会员间使用从丰田生产体系衍生出来的共同语言，这样即便业种不同，也可以实现联合型多对多的组织学习。

如此一来，会员们在加深自己的学习经验的同时，也能够更加广泛地从其他公司进行替代性学习（也叫作观察学习或间接经验学习），从而了解到各行各业的变化。通过不断深入到会员企业的经营脉络，各公司就会把它当作自己的事情一样相互牵制，如此保证相互间替代性学习的量与质。若（会员都）是同行业公司的话，有时因为相互制约就会被现存的思考方法所束缚。NPS 研究会正因为是不同业种之间的集合，所以不会发生一叶障目的事情，从而也更容易看清楚行业体系的本质。

的丰田生产体系，已经成为其他汽车生产商和各行业生产商争相模仿的"范本"，这正是模仿的连锁反应。

在 7–11 所采用的特许加盟（Franchise）体系中，同样也存在模仿的连锁反应。

美国 7–11 所采用的特许加盟体系，被称为经营模式·特许加盟（Business Format·Franchising），是由生产商主导并不断发展的特许加盟体系。它的特征是，生产商不仅提供商品的销售权与相关支援，并且打包提供品牌、技术、系统与指导等经营本身的全部所需。

可以说，把这样的加盟体系推向市场进行普遍化经营的，是在日本大家也非常熟悉的麦当劳和肯德基的炸鸡。除了餐饮服务业，这样的结构，也已经被引入到酒店经营领域。

美国的 7–11 也是模仿这些前辈的产物。之后，日本的 7–11 在引进、继承的基础上，又将这套体系不断推进、发展出自己独特的模式。

经营模式·特许加盟是一种即便没有自己的商品，也可以通过以特定体系为杠杆发展壮大的优秀制度。但其本身也存在一个隐患，那就是学习到经验的加盟店可能集体退出加盟，模仿组建一个同样的加盟制度。

7–11·Japan 则克服了这一致命的缺点。它建立起一套这样的机制：通过信息网络不断收集各加盟店的最新情况，并将其进行再分配。这样，总部就可以掌握时刻变化的销售情况，并反馈给加盟店。如果不与总部保持联系，加盟店就不能陈列出合适的商品。通过构建这样一套持续更新专业知识的体系，总部得以维持其对各加盟店的向心力。

7-11·Japan 建立的商业体系比美国的 7-11 更加完备，因此当桑斯兰德公司陷入危机之时，它能够救其于水深火热之中。超越本国基本的原型，推动其不断发展，日本的 7-11 可谓是"青出于蓝而胜于蓝"。

这样以信息系统为基础的体系，也成为很多公司的"模仿对象"。例如，TSUTAYA 等公司就非常重视自己与信息反馈的结合。其创业者增田就曾说过，"如果不能持续保有网络资产，加盟店就会离我而去"。

谷歌公司也是通过模仿的连锁反应，在网络黎明期开始的搜索引擎研发大战中找到了自己的位置。可以说是在参考了无数的成功经验，吸取了无数的失败教训后，谷歌才联想到了学术论文中的引用，最终研发出今天的搜索引擎。

如此，在模仿的连锁反应之中不断进化，就会产生创新。伟大的企业以其他公司为模仿对象所创建的生产体系，又会成为下一次创新的原型。

第 2 章　共通性——以本质为模型

良性模仿

所谓良性模仿是指不会给社会带来危害、具有创造性的模仿。本书将以其典型——"从遥远的世界进行模仿"为例进行说明。也就是说，从海外、其他产业以及过去等找到令人意外的"模仿对象"，并在自己的世界中对其进行创造性的再现。

有时候，乍看之下跟自己毫无关系的东西，却隐藏着十分重要的提示。那是因为尽管它在遥远的世界里"稀松平常"，在自己的世界里却是"崭新的"。

如果擅长找出这类模仿对象并进行模仿的话，就可以在不给别人添加负担的基础上创造出全新的价值。给自己带来利润，让顾客感到欢喜，回避与竞争对手的价格大战，同时还能扩大市场。"卖家得益，买家得益，社会得益"，这可以说是以商业的终极姿态实现了"三方得益"的效果。

什么是超越业界的共通性

因为与从遥远的世界寻找"模仿对象"这个话题相关，在这里我先给大家出一个问题。

题目

以下四个事物的共通性是什么？

· 香蕉

· 半导体

· 便利店的便当

· 时尚服装产业

首先，提到香蕉会联想到"打折"吧？所谓打折，就是削减利润进行销售，用英文表示就是 bargain sale。提到 bargain，我们会想到时尚服装产业。可以说每到换季时节，服装是一定会打折销售的。

此外，稍微进行调查就会知道，在高科技产业，半导体也是会打折销售的。实际上，有一种叫作 DRAM（动态随机存取存储器）的通用存储器，从其上市后的十天开始计算，只需经过一年时间，其价格就会跌至原来的十分之一。

这样想来，所谓共通的"点"，其实就是打折销售这一点。这样想的人直觉是比较敏锐的。

不过，便利店便当是不会打折的。想要说明这一点有点困难。

若说理由的话，有时就算加盟店想打折，总部也不允许。反过来说，即便打折也并不稀奇。实际上，一些小的便利店也会打折，大型连锁店的话，根据店铺情况，偶尔也有打折情况。

到这里为止，结论似乎可以说：打折就是问题的答案。不过，我们却不可急于给出"打折就是成功的关键"这样的答案。相反，我希望大家可以更进一步，提出问题："为什么必须要打折呢？"

这个问题才终于要接近所谓本质性的共通性了。那就是，这些东西都"容易变质"。

你可能会觉得，"什么呀就是这个？"或者说，这个答案最初就浮现在你的脑海里。也有人可能会找到其他的共通性。无论如何，在这样的联想中找到共通性是非常重要的。为什么这么说呢？因为具有共同点的商品，其事业结构总是大同小异的。

印度露天商贩的故事

香蕉、半导体、便利店的便当和时尚服装产业，其核心都是新鲜度的问题。这类商品一旦成为库存，它的价值会一落千丈。虽然必须趁其有价值的时候赶紧卖出去，但是保质期还是一分一秒地在逼近。为了迎合时刻变化的市场环境，避免滞销的危险，就必须逐渐降价销售，在最合适的时机进行大甩卖。

这和一大早买入蔬菜与水果，然后必须在当天全部卖出的露天商贩的生意是一个道理。

曾在哈佛和凯洛格（Kellogg）两所美国著名商学院执教，后来成为商业咨询顾问的拉姆·查兰（Ram Charan）指出，我们应该把印度的露天商贩作为自己的"模仿对象"。国际经营学学者安室宪一教授，也曾总结露天商贩们的巧妙技巧并做出介绍。

在某个地方，有一位做露天生意的劳动者。他是那种在印度大街小巷随处可见的露天商贩，从放高利贷者那里借了1万日元开始做生意。假设没有利率上限等这些实质性的约束（为使故事更加通俗易懂），1年后加上1万日元的利息，他需要还2万日元。对于印度的露天商贩来说，1万日元是一笔巨款。

露天商贩使用这1万日元进货，购进蔬菜水果等生鲜食品。进货后，他就必须定好售价并全部售出。（为了生意）他也要动一动脑筋，比如把最好卖的东西放在最前面，或者为了使卖相更好把蔬菜和水果进行巧妙摆放。

从上午到午后，按照最初的定价或许还没问题。一旦到了下午还有剩的话，他就会有点担心。适当地调低价格，当天一定要全部售出。为什么这么说呢？商品滞销的话，第二天新鲜度就会下降，会卖不出去。为此，除了随时关注天气、气温的变化，以及附近商贩的动向，他还需要调整自己商品的售价。由于情况时刻变化，何时、哪一种、怎样调价，都是问题。如果太早卖光，到下午就会无货可卖。有时要跟顾客交涉，有时还要谈笑风生缓和气氛。做生意需要一种经商的直觉——"商业嗅觉"。

假设这个商贩顺利地售出全部货物。销售额是10200日元，这就产生200日元的利润。1天100日元足够全家吃饭，那么他就可以存起来余下的100日元。这个商贩便安心地踏上了回家的路。

露天商贩经商的逻辑

你认为，这位露天商贩的生意是成功事例，还是失败事例呢？

每天最高 200 日元的利润的话，就是本钱 1 万日元 2% 的营业利润，怎么看都不像是一则成功事例。稍微提高一些售价，从而提高利润也不是不可能的，可能会有很多人这样想吧。

不过，如果真的贪多、想要提高每天的销售利润的话会怎么样呢？可能有些日子也会以高价全部售出，也可能有些日子会滞销，这样第二天就没有办法进 1 万日元的货了。

比起这样，不如每天都赚取安稳的薄利，一点一点积累起来，也很重要。这个露天商贩因为是劳动者，即便每天只有 200 日元的利润，他也可以实现一年 365 天每天都赚这么多。

$$200（日元）\times 365（天）= 73000（日元）$$

如上所示，一年的营业利润总额可以达到 73000 日元。其中，36500 日元全部用于养活家人的话，手头还剩 36500 日元。此外，还有 1 万日元作为高利贷的利息必须偿还。即便这样，手头还会剩下 26500 日元（借来的本金 1 万日元将在年末最后一天归还）。

这样一来，他就不需要再依赖高利贷，也没有利息的负担。用自己的资本重复与今年相同的业绩的话，毫无疑问那是非常成功的。

这个印度商贩以很快的速度收回了资本，可以说这是一个超高速的商业模式。用拉姆·查兰的话来说，在电脑直销上取得成功的戴尔公司，也是以相同的原理盈利的。实际上，戴尔并不在自己的公司生产零件，设备投资方面负担较轻。特别是，在网络销售业绩持续增长的时期，包含人力费在内的固定费用得以实现最小化，由此也保证了较高的资本周转率。

此外，根据安室宪一的观察，在中国的台湾和香港地区逐渐抬头的半导体产业和电子工业经济，实质上都是以印度的露天商贩为原型进行发展的。而且，这样的经济产业经由台湾和香港人的手，已经逐渐向中国的华南地区转移并开始扎根。很久以前，在中国华南地区就有许多人拥有像露天商贩那样的"商业嗅觉"，也有重商主义的文化传统。因此，在这片资本高速周转的商业土地上，这些产业能够很顺利地转移过来。①

模仿结构的关键概念——商业模式

如此，即便是过去的商业，只要其提高盈利的逻辑与今天相通，就可以成为良性的"模仿对象"。而解开模仿的连锁反应的关键概念就是商业模式（Business Model）。

从经营学角度来讲，商业模式这个词汇是特别伟大的流行语之一。虽然它经常被人们批评说其含义模糊不清，但是它也有一种不断魅惑人们向其靠近的语感。特别是，对那些准备接下来拓展事业的人来说很有吸引力。你是不是也曾经被某家公司的别具魅力的商业模式所吸引呢？

---

① 我曾经听过一则跟这一话题相关的很有意思的故事。据说，香港的电子零件生产商，从听取顾客的要求到拿出样品，其所需的时间比日本企业要短很多。其背后原因是香港特有的商业模式。比如制作泰勒梅（Taylormade）的套装，在日本需要花费一周左右的时间，而在香港可能一天之中就能完成。据说在电子零件样品方面，日本花费 1 ~ 2 个月的时间也不奇怪，而在香港 1 ~ 2 周的时间就能做出来。可见在这个地区发展这样基础的、维持生计的产业，自然而然就会充满活力。

·佳能（Canon）公司之所以一直能够保持高收益状态，是因为它构建了一种从消耗品和服务中提高收益的"安装基础（Installed Base）型商业模式"①。

·乐天市场之所以能够保持活力，是因为它建立了一种"平台（Platform）型商业模式"，一边削减开店的费用，一边充实假想的商业街，同时还通过购物赠送积分的方式，不断促使顾客在其中浏览、消费。

·基恩士（Keyence）公司之所以能够分散开发费用、提高利益，是因为它创造出一种"批量定制（Mass Customize）型商业模式"，一边重复利用基本的零件，一边尽可能地满足客户需求。

·小松公司之所以能够保持高收益，则是因为它发展了一种"回应顾客（Solution）型商业模式"，公司从日本全国范围内收集有关建设机械使用状况的数据，之后把这些数据应用于卓越的产品开发与服务中，从而解决令客户烦恼的问题。

这样，强大的企业与具有魅力的商业模式紧密结合，吸引了很多的商业人士。他们抱有这样的期待，认为只要"导入这样的商业模式"，自己公司就能改善收益结构。

---

① 斯莱沃斯基（Slywotzky）和莫里森（Morrisson）（1999）等人，给扩大利用者基础、从附属品/消耗品中延伸收益的模式取名为"基础安装（Installed Base）型"。例如，剃刀的替换刀头、与电梯厂家的服务合约、软件的升级、净水系统替换用的化学过滤器等等都属于这种类型。至于自动售货机的软饮贩卖，我们也可以放在相同的位置进行考虑，不过从食品杂货与自动机器双方都是为延伸软饮的售卖的角度来看，我们也可以把它认为是大量组合（Multi Component）型利益。

商业模式这个词，经常会被单纯地解释为"为了挣钱的结构"。最初，它多被应用于与网络经济和 IT 业有关的文字中，最近则越来越广泛地被使用在所有提高商业收益方法的文章中。[①]

在实际业务中，商业模式多被限定于提高收益的方法、付款等金钱流向方面的问题。不过，在学术层面，对它的探讨需要回溯到对收益之源泉的原理方面的说明，甚至包括有利的地位（Position）、独有的资源和能力等整体事业结构。[②]

以 7-11 为例，在它的商业模式中，遍布全日本的加盟店以及运营它们所需的技巧都被当作经营资源，成为"储备结构中的一部分"。另外，以销售力为背景，它的商业模式也包含以开发原创商品作为有利条件从而保持业界领导的姿态。

---

① Zott and Massa（2011）这家学术机构曾经对商业模式这个概念进行整理。据他们的总结，商业模式的概念是从 IT 业开始，逐渐扩展到技术的收益化领域，之后又向战略论的方面进行扩展的。楠木（2010）指出，在竞争战略论的领域中，商业模式的贡献在于"超越了个别战略的要素，关注到各要素之间存在紧密联系的、类型化的重要性"。

② 商业模式这个词，虽然有人批评其定义方法多样且概念模糊不清，但是在关注提高收益的结构这一点上却是共通的。不过，在提到提高收益的结构（从学术角度来说有价值创造 · 收获系统之意）之时，不同学者在（1）对象的范围，（2）要素的分解程度上的见解存在差异。因此，我们可以认为那些看似五花八门的研究其实都是在这两个坐标轴上进行分析整理的。

从范围上来讲，狭义概念以琼 · 马格雷塔（Joan Magretta）的划分方式为代表，仅仅关注提高收益的方法。相反，广义上来说，以亨利 · 切斯布朗（Henry Chesbrough）为代表，认为商业模式的概念包含环绕着商业模式的生态系统（ecosystem）和竞争战略等等方面。位于两者之间的是，在本书第 9 章中将会提到的 P-VAR。他认为研究提高收益的结构时，范围应包括地位、方案价值、投资活动、回收活动和经营资源。

即便是在范围上与 P-VAR 相同，也存在一些更加细分构成要素的理论。例如，奥斯特瓦德（Osterwalder）和皮尼厄（Pigneur）（2012）将研究范围更加细致地分解为 9 个要素。它们分别是，（1）顾客部分，（2）有价值的提案，（3）流通渠道，（4）顾客关联性，（5）收益的流程，（6）关键性的经营资源，（7）关键的活动，（8）关键的伙伴关系，（9）成本构造。

虽然与 P-VAR 的范围大致相同，但是马克 · 约翰逊（Mark Johnson）却整理出 4 个要素：（1）顾客价值的提案，（2）利益方程式，（3）主要的经营资源，（4）主要业务的程序。

庆应义塾大学的国领二郎教授给商业模式一词作了以下定义：

向谁提供怎样的价值，为此怎样组合自己的经营资源，怎样调配这些资源，怎样与商业伙伴和顾客进行交流，以怎样的流通渠道和价格体系进行运输，这些与商业模式有关的设计思想（才是所谓的商业模式）。

商业模式这个词，确实有提高收益的结构的意思，但其本质却并不仅停留于此。不如说，在设计、构建这样的结构时，把参考对象与设计思想进行单纯化提炼这一点比较重要。①

例如，我们眼前电脑所搭载的软件，是根据专利收入来盈利的。而通过替换刀头来盈利的安全剃刀，则是从消耗品中盈利的典型。这些与我们前面所述"安装基础型商业模式"是同一道理。可以看出，目前为止在各行各业中所存在的商业经济，都以商业模式这个

---

① 在美国的学会中，一般多把商业模式单纯地认为是提高收益的结构，反而不太会明确地讨论参考模式的作用。

有关创造・获得价值的结构研究，在日本反而比较有活力。其中，有关参考模式的思考，也是根据吉田（2002）的先驱性研究才提出的。在吉田的研究中，他为我们展示了一种依据类推的思考，认为只有在导入作为基础的参考模式之前，首先带入目标才能创造事业。

根来・早稻田大学 IT 战略研究所（2005）提出一种方法论，他们认为可以把柔性系统（soft system）方法论（SSM）引入到商业模式概念中，以此来增进把参考模式引入商业模式设计时的活力。

在海外的参考书中，奥斯特瓦德（Osterwalder）和皮尼厄（Pigneur）（2012）明确提出一种思想，即把商业模式看作"模型（Pattern）"，通过促使其向不同行业的转移来促进商业模式本身的创造。

在实际业务领域，板桥（2010）开发了"象形图表图解"作为工具，从这一手法中我们也能看出作为参照的商业模式（或者说收益模式）的构想。这个工具在尽可能地抽离出商业模式的基本构造方面十分便利，正如本书第 4 章所述，它十分适合抽象化作业。

词为基础互相有所关联。

跨行业进行参照

值得一提的是，分析商业模式时最重要的是，把其进行简化提炼后所看到的共通性（图2-1）。这是跨越行业壁垒的商业模式的共通构造，它也成为创新的源泉。[①]

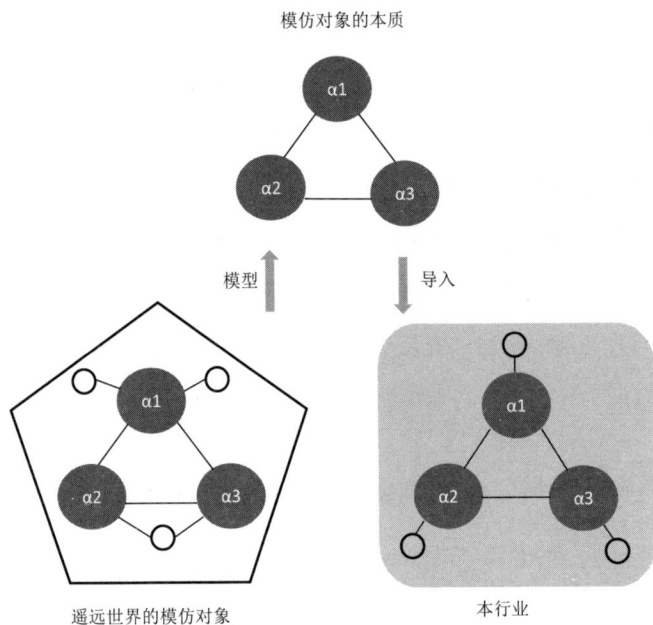

图 2-1　各行业间共通的构造

[①]　在本研究当中，我们把它作为从遥远的世界进行模仿这样的话题展开讨论，不过关于从其他业种进行转移的商业模式的研究中，也有许多其他形式的探讨。比如，奥斯特瓦德（Osterwalder）和皮尼厄（Pigneur）（2012）认为，应当把它看作适合类型，进行分类定价（unbunding）和多边平台（multi-sided platform）等形式的讨论。此外，山田（2014）也从丰富的事例角度出发，对从其他业种进行商业模式转移问题予以解说。在学术层面，研究从类推角度逐渐深入，日本国内有吉田（2002）先驱性的研究，海外则有 Martins,Rindova and Greenbaum（2015）等不断推进对商业模式的研究。

　　请大家想一想，我们在第 1 章中介绍过的丰田生产体系的发展历史。丰田生产体系之父大野耐一，正是在观察了超市之后，才想到了"必要的东西，在必要的时候，只取走必要的量"这样的商品购买方式。作为顾客的丰田公司，如果像去超市购物一样购进零件，那么它就不需要把当场不需的零件也放置于工厂之中。正是基于这样的联想，才有了今天的生产体系。

　　唯有这一点，才可以称之为各行业间的共通性、藏在模仿对象中的创新的源泉（根本）。我们应当模仿的"点"，正是这种各行业间的共通性的构造。

第 3 章　分类——寻找相似的同类项

寻找相似的同类项

你能找到良性模仿对象吗？还是会停留在恶性模仿对象那里呢？这个问题完全取决于你能否对研究对象达到深层次的理解。为了能让大家抓住模仿的奥秘，在这里给大家出一道题：把类似的事物进行分类。

题目

把下列 7 家企业的商业模式进行分类。不过，其中有一家是与众不同的。

- H&M
- 戴尔（Dell）
- ZARA
- 大创（DAISO）

・苹果（Apple）

・7-11

・JINS

大家是怎样进行分类的呢？简单想来，H&M 和 ZARA 都是时尚服装企业，那它们一定是同一类别的吧。戴尔和苹果都是计算机生产商，所以也可以把它们看作同一类别。其次，大创和 7-11 都可以总结为是零售流通连锁的类别。那么最后，因为 JINS 是销售眼镜的，所以肯定是和其他公司不一样。

这是按行业进行的常规分类。但是，正确答案并不仅仅拘泥于常规思考。

关注商业模式

如果我们不看所谓行业这样表面的类似点，把目光转向结构这样深层次的共通点呢？让我们试着从商业构造的角度进行分类。

首先，我们会注意到，虽然同为快时尚品牌，H&M 和 ZARA 却存在着根本的不同之处。从促售方法、提高利益的思考以及成本构成等方面看，它们都形成了鲜明的对照。[①]

H&M 是一个接连不断地投入到每一季高品位服装设计上的时尚服装品牌。虽然它也做一些基本款服装，但企业理念主要是凸显每一季的时尚。

---

① 南千惠子（2003）从"生产批量的大小""售完即止还是追加生产""自己工厂的有无"等角度，对包括 ZARA 和 H&M 在内的快时尚服装产业进行了对比。

既然是当季服装，那就不会换着穿它好几年。对于时尚人士来说，那仅是穿一季就要丢掉的衣服。因此，H&M 在服装品质方面会比较干脆地下调成本。由于不需要重复生产追加补货，通过"售完即止"的方法就可以稍微控制一下生产量。

核心顾客都了解这一点，所以来到店里不会"还想买同一件衣服"。H&M 以商品能够完全售出为目标，在做好脱销的心理准备后，为了尽量不出现剩余货品会控制生产量。也就是说 H&M 一直在努力避免供过于求。

不用说，H&M 是世界范围内著名的跨国企业。从全球范围来看，其利润是非常巨大的，因此只要按统计好的数量一次性进行生产就可以控制成本。它的生产都是委托外部企业进行，也方便根据市场需求随时调整产量。由于其公司内部不需要安装生产设备，因此其固定费用能尽量降到最低。所以，H&M 是一种允许某种程度机会损失发生的大批量、委托生产、售完即止型的结构。

与此相对，ZARA 虽同为快时尚品牌，却更注重品牌的一贯性。它的产品在反映流行趋势的同时，也追求 ZARA 独特的感觉，品质与价格都保持在相应的水准上。因此，它的商品能够实现跨季节的协调性，也能够实现多个季度轮换着穿。在畅销商品方面，有必要的话会追加生产、追加补充，也会根据季节变化调整方案。

与 H&M 相比，ZARA 追求的是"在必要的时间，生产必要数量的必要商品"。ZARA 在西班牙有自己的工厂，并且实现了一个快速循环的生产过程：勤勤恳恳地置办原材料、兢兢业业地生产销售，再一次筹备原材料。虽然有人认为，ZARA 的生产和物流系统是在丰田的协助下才设计出来的，但是其商品周转率非常高，而且实现了资金流的快速运转，提升了投资回报率。ZARA 的生产结构是小批量、本厂生产、追加补充型。

分类

明白了深层次本质性的区别后，我们也可以将剩余的事例根据其差异进行分类。大创已经成为百元店代名词一般的存在，以非常便宜的价格购买各种便宜的东西正是它的魅力所在。大创的商品种类达 7 万多，它也是按照统计好的数量一次性完成生产。大创认为"缺货也不用担心"，因此基本上不会进行追加生产，所以它是大批量、委托生产、售完即止的结构。或许你会感到意外，大创和 H&M 非常相似。

这样想来，我们就会发现之前认为和其他企业不同的 JINS，实际上和 H&M 还有大创是一样的。JINS 是一家眼镜生产零售企业，它提供企划、生产、流通、销售一条龙服务，以"市场最低、最优价格"日常提供超过 3000 种以上的商品。

作为眼镜的生产零售企业，它的商业模式是提前备好大规模种类的商品，大量生产后售完即止。所以它是大批量、委托生产、售完即止的结构。

与此相对，7-11 在确定商品种类后，再进行生产、置办、销售。因为采用小批量生产、随时追加补充的结构，其资本周转率很高。而且，生鲜商品的定价较高，因此能维持较高的利润率。

如此想来，7-11 倒是和 ZARA 的商业模式十分类似。不过，7-11

把生产外包给合作的工厂，这一点倒是和 ZARA 不同。

从同为计算机生产厂商这一点来看，戴尔和苹果是同类的，但戴尔是多品种少量生产，迎合市场需要仔细进行生产、补充工作。与 ZARA 相同，它也是资本回收率很高的商业模式。过去戴尔曾经有自己的工厂，如今它委托亚洲和墨西哥的工厂进行生产，倒是属于 7-11 这一类别。

苹果也是，可以说单看硬件方面它比较接近 ZARA，但是其商业模式的核心却不是销售实物商品。它在 iTunes Store 的运营和构筑平台方面别具一格，从这个意义上来说，苹果属于一种完全不一样的系统（如图 3-1 所示）[①]。

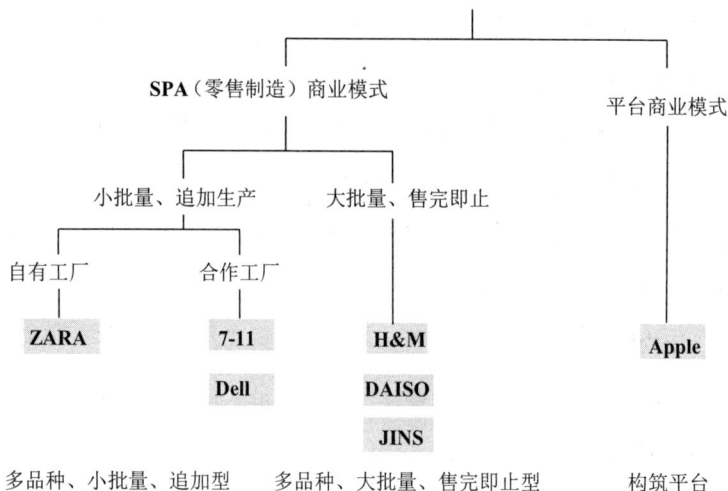

图 3-1　商业模式的系统图例

---

① 在此图做成之际，得到了神户商业咨询有限公司董事长北村祯宏的宝贵意见。另外，也获得了井上工作组第 11 期学员中 H&M/ZARA 研究小组（山本健太、马场耀平、海部由莉）提供的有关店铺观察与顾客反馈的数据。由于分类的方法并没有一定的明确定义，因此此图也并不是唯一正确的分类方法。

解读构造

如果能够理解商业的结构，那么应该选择什么作为模仿对象也就更加明了，也能够提高我们模仿的成功率。相反，如果看不到结构这一层次，就会选错模仿的对象。

比如，假设某企业家经营零售连锁加盟店，他正在考虑进行原创商品的企划和制造。这个时候他应当参考的是制造零售模式（SPA）。[①]可是，在模仿谁这一点上立项就发生错误。如果没能把具体的商业模式进行抽象化的理解，就会判断失误。模仿本来不应该模仿的企业，那么成效也不会好。

表面上看是否同一行业并不是关键问题。难以窥见的深层构造，才是成功钥匙的隐藏之处。

假如是季节性的商品，害怕脱销需要大批量生产的话，那就应该参考 H&M、大创，或是 JINS。相反，若是传统商品，需要随时追加生产 – 修正企划、进行小批量生产的话，那就应该以 ZARA 为参考。

分类的视点

进行分类的方法并非只有一种。随着视点的改变，也会产生不

---

① 所谓的 SPA，是 Specialty stores of Private label Apparel 首字母的缩写，是指专门店企划·贩售有自己公司标签的商品这样的业务形态。它的特点是通过垂直统合度高的经营结构，对材料的调配、企划、开发、制造、物流、销售、在库管理、店铺企划等供应链整体做以管理，将损失降到最低。自 1986 年美国的衣品零售巨头盖璞（GAP）总经理唐纳德·费希尔（Donald Fisher）将其提出以来，它被许多快时尚服装产业所模仿，并不断被广泛传播。其传播范围并不局限于快时尚服装产业，甚至波及家具制造与销售、眼镜制造与销售等行业。从中我们也可以看出模仿的连锁反应。

同的分类方法。接下来给大家介绍的两幅图，虽然都是现场娱乐产业的分类图，① 但图形的形状却全然不同。② 一个关注揽客的方法，另一个则更关注提高收益的方法。

1. 关注揽客的方法

图 3-2 是关注揽客方法的分类图。

如果询问现场娱乐产业的相关负责人，"企划活动时最重要的是什么？"大概所有人都会回答，"是能够稳定地揽客"吧。

好不容易筹备一次活动，没有观众的话就毫无意义。如果会场没有坐满，那么演员演出的心情也会大打折扣。

如果是免费，大概很容易揽客。可是挣不出成本的话，那么也无法继续维持现场演出。所以，还是要尽可能多地吸引观众，收取票务费用来维持演出事业的继续。

---

① 现场娱乐产业的市场，主要由收费音乐与舞台上的演出组成。音乐方面的内容包括：（1）流行乐；（2）古典乐；（3）演歌与歌谣；（4）爵士；（5）民族音乐等。舞台的演出内容则包括：（1）乐曲；（2）演剧；（3）歌舞伎、能乐、狂言；（4）搞笑节目、曲艺、演艺节目；（5）芭蕾／舞蹈；（6）现代行为艺术等。

② 此图由笔者、樋口玲央、远藤麻衣、松冈映里（井上工作组第 11 期学员现场娱乐产业研究小组）共同研究制成。工作组研究生小组成员历经约 6 个月的时间对公开发行资料进行调研，又通过实际走访全日本的剧场来进行实地调查（合计有 8 小时 30 分钟的采访资料和 13 小时 30 分钟的实地观察、观剧体验）。

在分类方法上，首先对象形图表（板桥，2010）的基本构造进行简化，之后在细节部分，以将价值与对价图形化的手法来逐一分析出个别因素与资源。在公开发行的资料中难以获取的信息，则是采用了截至目前研究室所积累的顾客观察与采访数据，同时还有对业界相关人员的采访。芥川祐季、山本和希负责对斗龙门的研究，市原俊、林将史、礼田真穗、藤原杉负责对四季剧团的研究，大北遥、水野萌负责对 AKB48 和宝塚歌剧团的研究。

虽然没有进行大规模的统计调查，但是多组调查成员进行了多方面的分析工作与会议研讨。经由樋口玲央、远藤麻衣、松冈映里对调查资料进行综合整理，笔者认为最终结果从某一侧面如实反映了事实情况。

重复上座　　　　　　　　　　　　不特定的多数

故事的魅力　　　　演出者的魅力

非专业演员　　　　　明星演员

有排位　　　无排位　　　内容复合化　选址、时间合理化　名作

剧场培成　剧场选定　根据实力交替　世袭交替

斗龙门　　　　　　　　　宝塚歌剧团　　歌舞伎　　　　难波大花月　　　　　　　　四季剧团

AKB48

吉本无限演艺大厅　　　　　　　　　　杰尼斯　　　LUMINE the 吉本

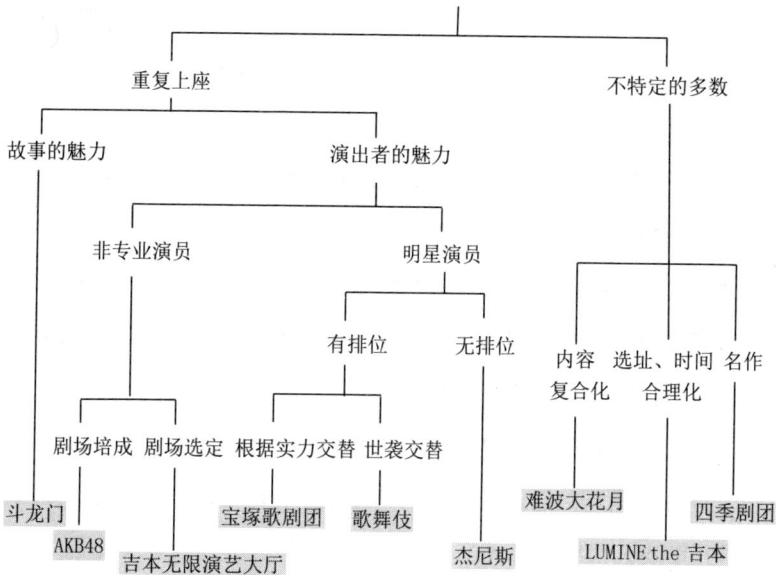

图 3-2　揽客方法的分类

在此，关于揽客有两种不同的思路。一种方法是让随机的多数顾客感到"想看一次"，从而大范围揽客；另一种方法是针对特定的顾客，让他们感觉"想多次观看"，重复地吸引这些观众。

以作品、场所、复合内容来吸引观众

首先，让我来介绍一下招揽随机多数观众的方法。四季剧团通过公演世界范围内有名的作品，不断吸引着日本全国的男女老少。剧团甄选大家想看的作品，之后购入戏曲的版权，比如它们的作品包括"歌舞线上（A Chorus Line）""猫（Cats）""阿拉丁（Aladdin）""狮子王（The Lion King）"等。

四季剧团的创立者浅利庆太的想法非常明了，他说："对戏剧的感动有'8成是来自戏曲中的文学要素'，'演员及演出效果等带来的魅力不过2成'。"

为了能够让观众享受到作品原汁原味的魅力，四季剧团不会使用明星演员。剧中禁止即兴发挥，在公演前也不会公布演员名单，因此有时也会由替身上场。为了让任何人在任何时候观看演出都能体会到效果一致的感动情绪，剧团内部不断培养具有优秀演技的演员，以期让作品不断散发魅力。

从广泛揽客这一角度来说，日本的搞笑剧场 LUMINE the 吉本也是同样的道理。它选址在新宿站大厦——LUMINE 新宿的最高层7层开设演艺大厅，每天都有豪华的演员阵容演出漫才（类似中国的相声）、幽默短剧等特别的喜剧节目。

演出时间方面，在周末及节假日约为2小时，平日里则是1小时左右，每日演出2～3次。因为选址上很容易吸引观众的视线，再加上演出人员也具有一定的知名度，在空闲时间观众经常会不经意地走进这里。

如今，日本国内观众自不用说，对于外国留学生来讲，这里也成为"总想看一次"的地方。

此外，同为吉本兴业旗下的现场娱乐产业，难波大花月剧场也因为有复合内容的演出而别具魅力。这家剧场开业于1987年，从电视上耳熟能详的明星到年轻的人气艺人每周都在这里轮番表演，每天剧场还会上演每周进行轮换的吉本新式喜剧。幽默短剧、漫才、曲艺、落语（类似中国的单口相声）和新式喜剧等异彩纷呈的节目接连上演，可以说这家剧场为打造一站式观看下足了功夫。[①] 节目种类充实丰富，这可以有效地吸引观众的注意力直至演出结束。

以上三种现场娱乐产业，都是通过高知名度与独特的看家本领来吸引观众。年轻男女、夫妇、家族休闲、毕业旅行和大学生等等，无论顾客是何身份，它们都把各个年龄层的观众作为潜在顾客，构建了一种即便不依赖回头客也十分优秀的经营结构。[②]

稳定地制造明星

与之前介绍的方法不同，这里还有一种针对特定群体、让其重复观看的方法（图 3-2 的左半部分）。

想要确保重复上座率，有几种方法。首先，值得一提的是明星的存在。歌舞伎也好，宝塚歌剧团也好，杰尼斯事务所也好，它们都拥有许多明星。

例如，在歌舞伎的世界中，通过不同家族第几代袭名某某的方式，来定下这一派系的首席演员。由于它采用的是传统的家元制度，一般是从父亲到男性孩子进行世袭。[③] 想走到袭名这一步，其道路

---

① 大阪的难波地区是吉本兴业的发祥地。在这里，世代活跃的表演艺人非常多，而且艺能种类也很丰富。在电视台等地无法播出的节目在这里也可上演，可以说难波为观众们提供了多种多样的节目内容。表演时间方面年中无休，平日演出 2 次，周末、节假日演出 3 或 4 次。剧场位于"吉本电视台大道"，门口的揽客人员总是积极地吆喝着：在这里能够享受到真正的大阪喜剧。

② 在我们的实地调查中，重复上座率相对来说也是比较低的。如果是颇有魅力的节目内容，则能够比较成功地吸引各个年龄层的观众。

③ 歌舞伎的创意就在于不仅有继承传统的"安心且有趣"的感觉，还有从革新当中诞生的"前所未有的有趣之处"。从江户时代传承至今的"艺能"，再加上根据人气漫画所改编的新式歌舞伎的内容，演员对歌舞伎表演可谓是煞费苦心。因此，顾客中也是对这些内容感兴趣的成年男女（夫妇和朋友等）居多。

是艰辛的，不仅要面对粉丝的期望，还要获得行业领袖松竹的认可，并且需要通过考试。作为粉丝来说，在这个过程中就可以近距离地守护歌舞伎演员向下一代传承、延续。在粉丝俱乐部中，也有这种制度：你去剧场的次数越多，就可以升级会员，之后可以优先购买前排座位的票。

而宝塚歌剧团则与歌舞伎相反。站在舞台上的，只有被称为宝女（粉丝对宝塚演员的爱称）的、从宝塚歌剧音乐学校毕业的女性。宝塚在每一组演员中设立一个顶级明星，通过实力交替登顶，这样就可以不断提高粉丝的热情。[①] 有前途的宝女会被提拔为新人公演的主演。由于向明星位置攀爬的每一步目的都十分明确，[②] 这样粉丝们就会在演员每一步向上努力的过程中不断提供应援。

与歌舞伎不同，宝塚演员的退团时间都很早，顶级明星的任期也被缩短至 2 ～ 3 年。粉丝们会觉得"这可能就是最后一次了"，所以每次都会去观看演出。退团对于粉丝来说是一件令人伤心的事情，但同时也意味着会产生一位新的顶级明星。[③] 粉丝们会以退团为契机，再寻找接下来想要应援的演员。这样如此重复，粉丝们就

---

① 它的核心在于"纯洁的、正直的、美丽的"感觉，因此只有演员达到超完美水准，才有可能成为顶级明星。歌剧团设有花组、月组、雪组、星组、宙组 5 个小组，每个小组中分别有承担男性角色与女性角色的顶级明星。

② 此外，在舞台演出时，演员们的服装上会添加"羽毛"，舞台上还会添置能够横跨过去的"银桥"。

③ 宝塚歌剧团中，每一名宝女都有非正式的私人粉丝俱乐部，会员在退出之前必须支持 1 名演员。成为会员之后，粉丝享有购票时的特权或可以参加由宝女和少数粉丝组成的"茶话会"特殊礼遇，因此演员与粉丝之间的关系非常密切。

不会离开剧团。[①]

当然也有一些现场娱乐产业与歌舞伎和宝塚歌剧团不同，它们不会设立顶级明星，其中的典型就是杰尼斯事务所。据某位忠心粉丝说，杰尼斯平素就会注重发挥每个人的个性，让其闪烁不同的光芒，以此来制造没有序列差别的明星。

在杰尼斯，基本上是以多名成员组成团体的形式进行演艺活动，比如像"SMAP"、"V6"和"岚"这样的组合。组合中的每一名成员都有不同的定位，这样就可以发挥每个人的个性。杰尼斯的运营方针是"不会给所属成员评判优劣"，因此它也基本上彻底抛弃了通过颁奖等形式给艺人排位的经营手段。[②]

培养身边明星的乐趣

也有一些剧团吸引粉丝，是通过展示看起来好像离自己很近的明星的成长过程的方式。[③]其中的典型，就是 AKB48。

据制作人秋元康说，它的魅力在于"没有预定好的剪辑、编排，

[①]　粉丝基本上都是女性。多数情况下，母亲带女儿来观剧的同时，女儿也会被这个世界所吸引。当然母亲被女儿带进宝塚的情况也不少，此外，由于友人的缘故而被宝塚的世界所迷倒的人也不在少数。

[②]　在杰尼斯公司出道一般有两种途径。一种是在出道之前的杰尼斯练习生 Jr. 时期就形成组合，一旦能够收获粉丝、实力获得事务所总经理喜多川的认可就可以出道。这些杰尼斯练习生 Jr. 在已出道组成员的演唱会上可以作为伴舞进行演出，以此提高其在粉丝中的知名度。另外一种是与练习生 Jr. 时期的组合无关，艺人可以作为新的团体成员出道。无论哪一种途径，艺人都需要在练习生 Jr. 时期就挑选出来，出道之后作为明星可以得到一定的社会地位。这与宝塚歌剧团通过舞台上的表现选定明星不同，在杰尼斯，艺人登上舞台之前选定过程就已经结束。

[③]　以培养身边的明星为噱头来吸引粉丝的并不仅仅只有 AKB48 一个团体。吉本无极限 ∞ 演艺大厅对搞笑艺人来说也是鲤鱼跃龙门般的存在。在这里有许多年轻的搞笑新人（他们的目标是以东方收音机组合与针千本组合为榜样，成为从吉本无极限 ∞ 演艺大厅出道的卖座艺人）竞相演出。

完全就是一部把普通的女孩子培养成偶像的纪录片"。

首先，报名人要经过试听，合格的成员会被编入 AKS 事务所。训练时间很短，一般接受完 1 ~ 2 个月的课程之后就会让她们出道。通过在秋叶原的 AKB 剧场进行公演，粉丝可以超近距离地观看演出，同时各个成员也可以逐渐建立起自己的粉丝群。

从练习生升级为正规团员，再到拥有个人曲目，这其中的每一步操作都非常透明。而且，在决定团员要进入单独发曲的中心地位时，还会举行"总选举"，这样就提高了团员的明星效应。粉丝们为了让自己中意的团员尽可能得到更多的支持票会大力应援，比如积极购买附带握手券的 CD 。这样，一旦团员成名就可以出演电视节目，因此粉丝们也是卖命地进行支持。

粉丝中的主力是自己做着同样成名梦的同年龄层少女和乐于守护少女们的年长男性。

注重持续性、具有戏剧效果的揽客方法

确保重复上座率的方法，并不是仅仅依靠明星的存在而已。有的团体也会注重安排具有持续性、戏剧效果的节目来吸引粉丝。这就是日本的摔跤团体——斗龙门（DRAGON GATE）①。在这里，表演节目会像电视剧一般有即兴展开的环节，这让粉丝们"还想看节目，还想见他们"。

这家摔跤团体的魅力就在于，轻量级的摔跤选手会陆续展现杂

---

① 关于斗龙门，笔者也曾采访相关人士进行详细的事例研究。具体情况可以参考笔者的论文《从反面教材进行良性学习》，《一桥经济评论》春季号（连载，第 3 回创造商业模式的思考方法），东洋经济新报社。

技似的摔跤技术，并且通俗易懂。如此，即便是初学者也能够乐在其中，通过颇具动感、敏捷的动作表现，就算此前对摔跤毫无兴趣的女性和小孩子也会被其吸引。而且，为了吸引回头客，他们还会精心准备故事情节，通过巧舌如簧的现场主持让观众兴奋不已。

如此，这里的节目就宛如"指环王（*The Lord of the Rings*）"或是"星球大战（*Star Wars*）"那样的英雄传奇。粉丝们可以全程关注新人选手从出道到成为优秀选手的整个过程，也可以欣赏到他克服苦难超越自己的美好瞬间。主人公级别的选手除了自己还有其他人，中坚力量凭借以下克上般的勇气挑战冠军选手，因此即便是专业选手也要一边忍受着伤痛一边与新人共同战斗。

此外，联盟里还存在多个相互对抗的组合，好人的角色被称为婴儿脸（baby face），坏人的角色则被称为小偷（heel），这样也可以一直保持节目中情节展开的戏剧效果。

为了让粉丝们不漏看每一集剧情，联盟每一次都会认真准备下集预告，还会定期整理演出时间表。通过这些方法，联盟得以确保回头客的存在。

2. 关注提高收益的方法

以上我们主要介绍了注重揽客的产业，对它们进行分类，并且根据系统图做了分析说明。接下来让我们来看看同为现场娱乐产业中提高收益的方法。

在商业领域最重要的是发现顾客、持续提高收益。现场娱乐产业也不例外。

我整理了三个提高收益的方法：一是彻底地追求票务费用的方法，我们称它为单点型模式；二是在票务费用之外创造强有力的收益来源的方法，我们称它为多点型模式；最后一种是现场娱乐产业本身将企业积极向上的文化与对社会的贡献单独切割出来，通过其他业务来提高收益的多角型模式。

集中于单一的收益来源

首先，现场娱乐产业一般都把票务费用作为收益的支柱，以保证公司收支平衡。这要求公司具有高度的揽客能力，像四季剧团、宝塚歌剧团和斗龙门等都属于这一类企业。

如上所述，这些公司拥有强有力的揽客能力，而这种颇具水准的揽客能力足以支撑这些公司走到今日的规模。

而且，这些公司也会销售周边产品，但这不是公司的收益支柱。与后面我们会讲到的多点型模式相比，这些周边产品的收益所占比例不过是补全票务费用的收入罢了。

当然，我们不能因为它只是补全票务费用就轻视这些周边产品。这些公司都特别注意进行知识产权的管理与正式商品的品质管理，可以说是为了防止破坏粉丝们美好的梦想而煞费苦心。

持有多个收益来源

下面，我们介绍一下被称为多点型的、在票务费用之外仍努力保有强有力的收益来源的商业模式。

首先，我们来看吉本兴业，它虽说是多点型商业模式，却仍然把剧场的现场演出作为首要收益来源。[①] 如前文所述,吉本兴业拥有各种各样的搞笑艺人,凡是和搞笑有关的活动企划,吉本强大的演员阵容都能熟练操作。

吉本发扬自身优势,也为电视台提供有关搞笑节目的提案。通常来说,负责制作节目企划方案的公司旗下并没有被称为"实弹"的艺人,因此即便是优秀的企划案,有时也会找不到理想的演出者。据说,在搞笑节目方面尤为明显,因此电视台必须与吉本兴业强强联手才能完成颇具魅力的企划。吉本兴业方面不仅可以获得艺人的演出费,还能获得相应的节目企划制作费。

有时候,有些公司并不把剧场的现场演出作为主要收益来源,而是把其置于次要地位。比如说杰尼斯事务所,也并不是定期举办现场演出。

杰尼斯通过让艺人在电视台演出获取演出费。如果能在电视台演出,艺人的粉丝会增加,其商业价值也会提高。此外,通过销售贴有自己公司标签的 CD 也能提高收入。[②] 杰尼斯在艺人的著作权和肖像权管理方面非常严格,就算是出售 CD 和 DVD 的电子商务网站,也不能使用唱片封面上所印的其旗下艺人的照片。

AKB48 的经营结构虽然与杰尼斯并不完全相同,但是其现场演

---

① 这里虽然把剧场作为主要研究对象,但并不是说它的收益就占据了大半部分。以吉本兴业为例,节目制作费是其收入中的大头,剧场与 CD/DVD 的销售次之(根据其停止上市的 2010 年之前的财务数据)。不过,吉本兴业持有公司内部的专用剧场,因此可以以它为基地开展多种活动。根据公司拥有剧场、票务销售费用是该公司收益来源之一这两点,笔者才把其作为"主要方面"进行分类。AKB48 虽然也运营有其专用剧场,但那是承租而来的。
② 杰尼斯事务所持有 2 家唱片公司,包括岚和 KinKi Kids 等半数以上的组合都是通过这里发售唱片,也有的组合是通过艾回 avex 和胜利 Victor 等其他公司发片。

出之外的收益率同样很高。与电视节目之间的交涉自不必说，公司还通过销售附有握手券的 CD 来拓展收益。虽然公司本身没有唱片标签，但是它按小组分类把成员介绍给不同的唱片公司，这样在提高成员曝光率的同时，也分散了公司的风险。

发展主业之外的收益来源

最后，在现场娱乐产业的范围之外，也有能够保持收支平衡的方法。有时在现场娱乐产业之中，有的公司在文化/社会层面的价值比较高，而商业部分则很难采用独立核算的办法。在古代，它们由贵族和国家进行经济支持，到了现代，企业则成为它们的赞助商。

比如说，支撑歌舞伎走到现在的是松竹。松竹的任务是"继承、发展日本文化"。虽然歌舞伎依然能够吸引大量观众，但是在维持传统艺能的成本、完善原汁原味的舞台陈设方面需要很多投资。因此，我们认为单靠其个体在短期内是很难维持收支平衡的①。

准确地说，松竹的任务是"继承、发展日本文化，为世界文化做出贡献。把握时代需要，给所有人传递丰富多彩的内容"（松竹

---

① 歌舞伎座（演出歌舞伎的剧场）翻修的时候，因为没法演出，有时会出现赤字情况（据 2012 年 2 月的决算财务报告）。在 2013 年 4 月 2 日播出的 NHK 现代特写"歌舞伎新时代——'日本文化'的前景"节目中，松竹的专务在采访中说道：凭借年收入有望达到 50 亿日元的新歌舞伎座办公室的租赁费，得以让松竹的收益稳定提高，因此歌舞伎的表演能够继续发展。

事实上，松竹对歌舞伎只靠民间的经营得以支撑的事情是感到骄傲的。最初，歌舞伎是由江户幕府授权，从市村座等三大剧场一路表演延续下来的，历经明治至昭和时代，松竹承袭传统延续至今。与歌舞伎同时期发展起来的演艺形式——文乐，在明治时代，仅靠民间经营难以维持，最终退出了历史舞台。如今，文乐依靠每年数亿日元的税金投入，由公益财团法人维持运营。这件事对于松竹来说似乎是一个痛苦的经验，所以松竹非常坚持由民间来经营歌舞伎这件事。

http://www.nhk.or.jp/gendai/articles/3327/1.html

的官网）。公司同时涉足电影、戏剧、不动产、其他业务，以此完成自身使命。

松竹是一家成立于 1895 年的老牌企业，正因为此，它才能一直迎合时代变迁呈现丰富多彩的现场娱乐节目，支撑着日本传统艺能的发展。

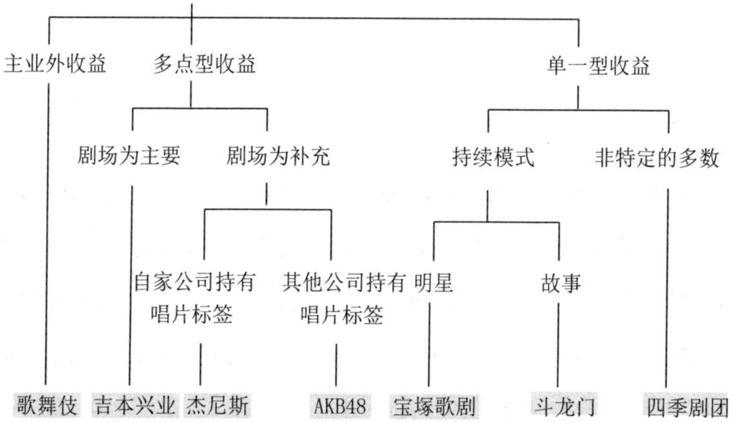

图 3-3　提高收益方法的分类

第4章 类型——良性模仿与恶性模仿

让我们一起来看看中国、韩国等亚洲新兴国家的企业的模仿行动。它们正以惊人的速度不断重复模仿行为，并且以模仿为基础逐步走向创新。这样毫不犹豫进行模仿的行为，在日本人看来甚至能感受到一丝威胁的气息。不过，这样的模仿一旦失败，他们也会悔恨，"正是因为一味地模仿才走不通"。

同样是模仿，有人成功，也有人失败，有的令人敬佩，也有的让人蔑视，这是为什么呢？因为除了"良性模仿"之外，也有人在进行"恶性模仿"。

停留在表面的模仿

提到恶性模仿，可能大多数人想到的是触碰法律底线的模仿吧。比如说擅自使用他人的技术、侵害他人专利的模仿，或者抄袭品牌商品、造假售假的模仿。我们决不允许欺瞒发明者、给顾客带来困扰的行为。这一点没有丝毫商量的余地。

更值得探讨的是另一种典型——仅停留在表面的模仿。

例如，在大和运输开发宅急便这种次日送达服务之时，也有竞争对手对它进行模仿。在很短的时间内，竟有 35 家公司一起加入了配送到家服务的大战。不过，没有一家获得成功。

各公司对大和运输的成功做了以下几点分析。

·此服务具有以家庭主妇等普通用户为目标客户，开拓新市场的可能性。

·普通用户不会就价格进行过多交涉，相比商业货物运输其利润率更高。

·大和运输的成功秘诀在于以小动物的形象作为代言在电视台进行广告宣传。

·在竞争开始之前，必须抢占先机展开业务。

这些因素虽然不能说完全正确，但也十分接近真相。不过，他们还是忘记了最重要的一点。

首先，这些公司没有发现，若想对偶发性、分散性的 1 件快递实现揽收、配送等业务，运输网络的密度必须有一定的保证。而这些公司在没有建立宅急送网络的情况下，就贸然展开了业务。小仓难掩他对这些公司的惊讶之情：

如果说对各公司的参与竞争感到惊讶，不如说我被他们吓到了。所谓宅急送，实际上是网络业务。若没有坚实的网络体系作保障就贸然参与进来，这是无知呢，还是没有远见呢，总之我对各公司拥有这样的胆量还是感到讶异的。

其次，各公司对动物的代表形象抱有过高的期望值。大和运输的宅急便业务能够做到众所周知，的确是因为其"像母猫温柔地对待小猫一样踏实地做好快递业务"这个代表形象深入人心。所以我们也可以理解，其他公司使用了像狗或者大象这样看起来比猫要强壮的动物形象作为商标。但是，并不是说使用了这样的形象就一定会成功。据说小仓对此颇感疑惑，"他们应当明白，（宅急便的成功）并不是单纯说让主妇们接受黑猫的形象就万事大吉了"。

良性模仿与恶性模仿

这 35 家公司的模仿，可以说是典型的恶性模仿。正是因为这样的从业者络绎不绝，我们有时候才会认为，模仿与创造性没有任何关系。

一桥大学大学院的楠木建教授一语道破："良性模仿是垂直型的动作，与此相对，恶性模仿则是水平的横向滑动。"创造性的模仿需要理解其根本原理，而表面的模仿只不过是在事物表面上的横向移动罢了。

从宅急便的事例来说，其他参与竞争的公司，不应当仅被大和运输的利润率和猫的形象所吸引，还应当注意到其背后成功的事业结构。例如，（大和运输）中枢&辐射型的运输网络，以及为回收投资而在商品包装上多下功夫，以此来提高物流密度的商业手段等等。（这时）需要对比较抽象的原理进行必要的理解。

仅看到表面上的具象，然后进行横向活动是没有意义的。对自己模仿的商业模式进行抽象化理解，然后再落实到自己的生意中，这一过程是十分必要的。楠木教授称，这是从具体到抽象、再从抽象到具体的往复运动。"具体、抽象都很重要。正如我们在良性模仿的典型事例中所见，没有抽象化的思考，就不会有对具体的深刻理解和落实到实处的行动。（我们需要）不断重复在抽象与具体之间的往复运动。这样的思考模式才是在'实践中''最有用'的。"

类型化

当然，提到抽象化也有各种不同的等级。高度抽象化即会成为"原理"（图 4-1）。即便原理的通用性很高，在落实到自己的世界中时也需要高度的理性。例如，在到家配送的业务中，即便向众人展示了"与投资相匹配的物流密度是必需的"这个抽象原理，大概也很少有人能把它活学活用到自己的生意中去。或者是，虽然从印度的露天商贩那里听到"容易腐烂的商品需要提高其周转率"的道理，这也并不意味着你就可以开一家便利店。抽象的原理虽然通用性比较高，但是它却不会具体地告诉你，在自己的世界中应当如何操作。

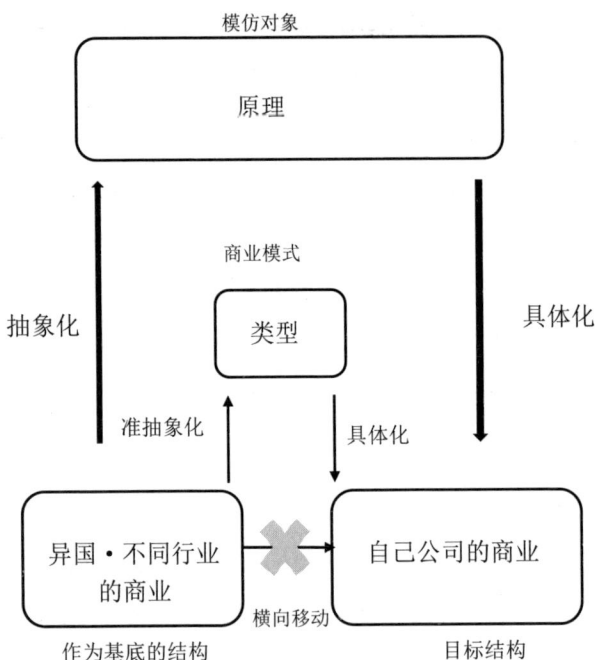

图 4-1　垂直型模仿与横向移动的模仿

　　因此，在适度地抽象化之后把原理总结为"类型（pattern）"的方法比较有效。像"中枢＆辐射型网络"和"SPA模式（制造与零售的垂直统合模式）"这类术语，就是这一等级的准抽象化。通过这样的类型化，我们可以得到比较具体的指向。

　　实际上，所谓商业模式的类型（pattern），指的就是这种准抽象等级。因为它相对来说比较具体，因此只要是适合自己公司的类型，通过适度的操作我们就能获得新的灵感。

　　近年来，人们越发关注商业模式，商业模式也逐步走向类型化。目前人们已经归纳出 20 或 30 种类型。[①] 通过对成功事例进行准抽象化处理，能把商业模式类型化。这与过去我们称为经营模式（business format）和商业框架（business scheme）的东西非常相似。

只要有了这样的类型，通过把它套入自己的生意中，或许就可以产生新的灵感。从前人总结归纳的类型中找到适合自己的那一项，在此基础上进行向下的垂直运动，我认为基本上就可以描绘出自己的商业模式。通过我在大学和工作小组中的实际应用，这套办法也得到了一定的成果。

不过，切忌过度依赖这种类型。

理由之一，因为其他竞争公司也有可能和你想着同样的事情。通过活用类型虽然可能会诞生一定水准的新思想，却很难展现你的独创性。因此，我希望大家能够找到刚好合适自己的事例，将其抽象化至合适的形式再进行落实。

理由之二，在将类型落实到自己的世界中时，我们有必要对其

---

① 例如，平野敦士卡尔（2012）曾做出 18 种分类方式，它们是免费（free）战略、平台（platform）战略、开放（open）战略、社交（social）战略、"剃须刀与刀片"模式、反"剃须刀与刀片"模式、分割模式、长尾（long tail）模式、产品金字塔模式、会员制模式、多品牌策略、BOP 模式、蓝海（blue ocean）战略、既存市场壁垒模式、大量销售路径模式、SPA 模式和省略中间商模式等。

今枝昌宏（2014）从事业层次角度，作出 23 种分类方式，分别是区域最优（dominant）、刮脂效应（cream skimming）、支配特定市场、全球（global）化、顾客生命周期管理（life circle management）、顾客的购买代理、平台（platform）、解决（solution）、同质化、分类定价（unbundling）、实际使用标准（de facto standard）、蓝海（blue ocean）、剃须刀片（razor blades）、免费（free）、破坏敌方的收益来源、渠道（channel）关系法则、直销（direct）、变更供应链（supply chain）种类、机能外销、抢占资源（resource）、麦当劳化、合作方的举债经营（leverage）与强强联合。此外，从企业（corporate）层面来说，又可以分为 8 个类别，分别是：加速资源再分配、与同类企业的统合、与周边产业的统合、收购品牌使之再生、向下游产业扩张、通过上游企业的统合产生区块化（block box）、中立性／专属性的管理和杠杆收购（leveraged buyout）。

进行润饰、充实其内容。虽说是"中枢＆辐射型的运输网络"，其中也存在多种变化。大和运输的宅急便服务，适合从个人到个人的网络体系。与此相对，佐川急便的网络体系则比较适合从法人到个人的快递运输。如果配送范围更加广泛，或许联邦快递（FedEX）的网络体系更有参考价值。商业模式不同，应该如何安排运输车辆与人员的配置也会不同。若是不能建立起系统的评价，看看究竟哪一种类型更适合自己，也将也很难在实践中诞生能够实际应用的新思想。

即便是同样的商业模式，通过系统图进行分类的话，我们也逐渐能够体会到应当模仿哪一种类型。不要依赖直觉，而是应该逐一分析各要素，在此基础上确定模仿对象。此外，我们也有必要看清楚在模仿对象的商业中发挥作用的背后关系（脉络），并时时确认这与自己的脉络是否背离。

我认为，这里很重要的一点是，我们应当通过自己的双手来完成抽象化工作。现成的类型，只适用于实验调查阶段，用来确认感觉，如果用在之后的工作阶段中，那只能说是次级良策了。

如果自己亲自进行抽象化工作，理解也会随之加深。这样在转向实践的过程中，通过不断重复，进行抽象与具体之间的往复运动，也逐渐能够随机应变。若是仅对类型采取鹦鹉学舌的办法，就很难克服在实践中遇到的困难。因此，事例研究很有必要。但是，事例研究后，我们要对其中的商业模式进行抽象化工作，这才是一个良好的出发点。

"从遥远的世界进行模仿"的三个层次

需要在多大程度上进行抽象化处理，这也取决于模仿的方法。从遥远的世界进行模仿，其中存在三个层次。它们分别是：（1）单纯地维持原样带入类型的"再生产"，（2）根据情况变化加以一定的"变形"，（3）获得新构想——"灵感"。[①]这三者越往后，其抽象化程度越高，在抽象与具体之间往复运动的振幅也越大。

"再生产" = 单纯地原样带入

首先，让我们来看看通过单纯地、从遥远的世界带入类型来引起创新的这一层次。

企业，需要在特定的国家或地域的行业内进行活动。从别人那里带来的东西，就算它全部都在别的地方已经存在，但是对带入方来讲，它也是全新的。在"带入"过程中其全新性就在于，你是在自己的世界中第一个拿出它的人。无论是模仿海外的经营结构，还是模仿其他行业，因为你是第一个在自己的世界中促使它实施的，那么（效果好）也是理所当然的。[②]

----

① 所谓单纯地带入、根据状况做出改变、获得新构想这三个层次是根据古罗马的模仿教育而提出来的。它原本的教育模式是：（1）不断重复与模仿对象相同东西的"再生产"；（2）允许从模仿对象模型中脱离出来进行"变形"；（3）从模仿对象模型中获得启示，将其编入"灵感"之中。

② 山田英夫（1995）和内田和成（2009）两位对由于参与其他行业而引发的竞争优势的逆转事例颇有研究。山田把从外部对业界领导地位企业进行威胁的战略分为两种，从而阐明引发逆转的机制。其一，是在维持业界原有状况的同时进行逆转的"侵入者"；其二，是破坏业界状况从而替代它的"业界破坏者"。

内田则关注到，从其他行业带来的竞争机制，有时候会对既存业者产生威胁，因此他把这种竞争的动力比喻为"其他业种的格斗技能"。而且，内田还提示到，如果从连锁事业的角度来看，我们需要对战胜这种格斗技能的作战方式加以考察和分类。

这种模仿者，我们称呼他为先驱进口商（pioneer importer）。先驱进口商，会在其他的地域或产品市场中，确立起自己作为最初参与者的新参者身份。例如，在被称为廉价航空公司（Low Cost Carrier，简称 LCC）的特别便宜的航空公司中，就存在几家先驱进口商。比如，瑞安航空（Ryanair）就是把在美国获得成功的西南航空作为模仿对象，直接在欧洲展开其业务。另外，亚洲航空也是模仿瑞安航空，在亚洲开展 LCC 业务。

西南航空的商业模式，乍看之下似乎只要单纯地进行模仿就可以获得成功，实际上在这上面失败的公司有很多。这是因为进口商没能深刻理解模仿对象，或者是被其过去的成功经验束缚住了。而瑞安航空和亚洲航空，却能够因地制宜地进行模仿，最终收获了完美的成功果实。

这一层次的模仿，需要尽可能详细地对模仿对象进行分类。把目光放长远，若能展望到从中派生出的模式则是最好不过。若能够对模式本身进行详细分类，从中挑选出合适的一款，那么在将其带入到自己的事业中时，也可以尽量地减轻负担。

"变形" = 根据情况做出改变

接下来，让我们来思考一下"不原样带入"的情况。如果商业模式本身所存在的世界与想要将其带入的世界并不相同，那么我们就需要让其尽可能符合自己世界的实际情况。虽然这样就会增加必须由我们自己参与制作的要素，但是反过来，这也增强了我们的独创性。

例如，7-11便利店虽然其整体架构的部分是模仿美国的桑斯兰德公司，但是为了实现日本本土化的生活便利性，其物流系统与信息系统都是从头开始重新筹备。

这样的事例，若说它是单纯模仿，其重新下功夫的范围也委实不少。实际上，由于它参照的部分只有最本质的东西，我们并不能说它和瑞安航空是同一类型。当然，在引入自己国家或行业没有的东西这一点上，倒是具备先驱进口商的全新性。但是，最重要的是在此基础上，通过本土化过程带来创新这一点。通过创造性地解决在引入不同世界的商业模式时所发生的各种问题，我们也就同时可以创造一种新的规划体系。

在进行这一层次的模仿时，我们要特别注意具体的形象与被简化的构造。无论之前进行了多么详细的分类工作，也不可能找到完全相符的商业模式，所以我们模仿时不能照抄照搬。从某种程度上被抽象化的概念中，我们有必要重新进行结构重组。当然，在这一过程中不免要做实验、犯错误，但是只要我们能够把模仿对象的结构进行简化的提炼，那么就可以在自己的领域中推陈出新。大家一起来试试，提高商业模式的抽象度并将其重新组建的工作吧。

"灵感" = 获得新构想

那么，如果模仿对象和自己的距离更加遥远的话应该怎么办呢？这种情况下，或许我们会从意想不到的地方获得启示，从而给自己的事业带入一种全新的构想。

这种层次的典型，就是丰田从超市那里得到了 "Just in Time"

体系的启发。谷歌开发搜索引擎是从学术研究中的引用获得启示这一点，也符合这种模仿方式。

或者，如第 5 章我们即将介绍的大和运输，它在专注一点的战略上是模仿吉野家，在服务的商品化策略上则是模仿日航旅行社（Jalpak），从这一点上说或许它也符合这一层次的模仿方式。

从香蕉的降价与半导体的打折例子之间找出共通性，针对其特性打造出需求与供给完全相匹配的供应链，也是这一层次的模仿之一。

一提到"获得新构想"，可能大家想到的就是从经常见到的共通性中获得启示，或者是灵机一动想到新办法。不过，这样的话是不能建立起自己的事业的。这一层次的模型探求，需要我们发现抽象化提炼后的本质问题才能实现。

然后，我们需要把这种本质带入自己的世界，重新组装。假如抛弃简单的"再生产"，而是因地制宜进行"变形"的话，无论如何也会添加一定的负担。更遑论，若想成功实现通过"灵感"转移本质，则需要高度的抽象化能力与不畏犯错的实践能力。

第 5 章　顺序——创造性模仿的五个步骤

创造性模仿的五个步骤

如果能够弄清楚模仿对象的背后结构，那么我们也就能够很容易地描绘出其今后大致形态的蓝图。[①] 接下来，我们就可以在分析事业结构的现状与模仿对象之间的差异的基础上，来思考一下怎样填补两者之间的鸿沟。

参考模式的顺序可以分为以下五步：

---

① 理想的商业模式对于战略立案十分必要，乍一看，这种思维方法与故事性的竞争战略（楠木建，2010）的思考可能是相对立的。但是，这实际上是前者对后者的补充。楠木对于战略立案中制造故事的重要性十分关心，而本书则强调了商业模式的重要性。笔者对于没有模型的故事能否成立持怀疑态度，我认为只有在双方齐备的情况下才能诞生安定的竞争战略。

话虽如此，无论多么优秀的经营者也不是全知全能的，同时他能够根据优秀故事进行预知的范围也是有限的。如果预知范围存在界限，那么一旦在这里给故事放行（假设，成立一支交叉团队并一切交给它），我们就只能期盼一切按计划进行，因为故事的强项就在于这种按部就班的设计。不过，这时如果没能产生预想中的结果，故事就只能重新斟酌，而此时需要参考的基准点（anchor），我认为就是作为理想的商业模式。没有模式的故事是不稳定的，而没有故事的模式则是画在纸上的圆饼。

（1）分析自己公司的现状。

（2）搜索、选择参照模式。

（3）描绘蓝图。

（4）逆向计算现状与模式的差距。

（5）实行变革。

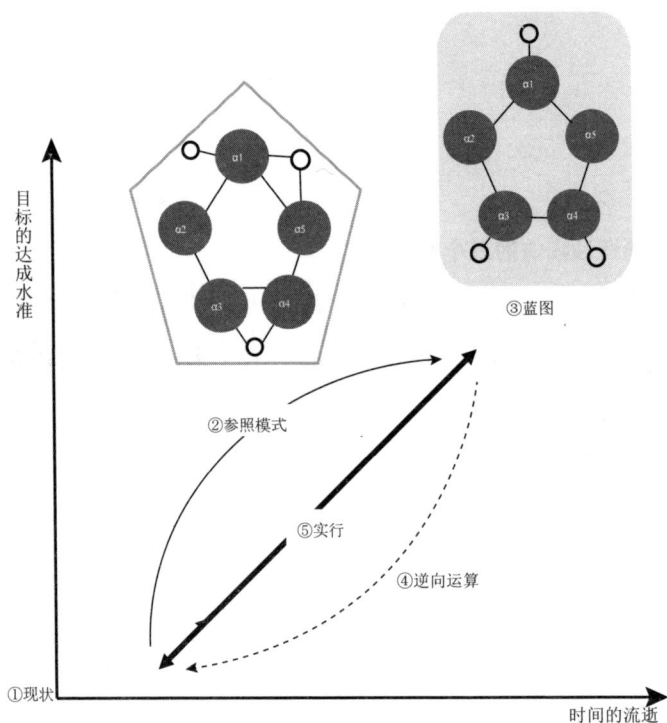

图 5-1　活用参照模式进行事业改革的五个步骤

下面，我们具体来看一看这五个步骤。在这里，我们以大和运输的宅急便服务为例。

大和运输创立于 1919 年，公司位于东京的京桥区（现在的银座三丁目），创立初期，公司仅凭 4 辆卡车就展开了运输业务。虽然从初期开始业务发展顺利，公司也逐步成长为日本数一数二的集揽收、运输、配送服务于一体的运输公司，但是二战后，因为其涉足长途运输较晚，业绩曾一度恶化。

这时，第二代总经理小仓昌男决定开展宅急便业务。在他的著作《小仓昌南经营学》中，他把开展这项业务的过程分解为五个步骤。①

（1）分析自己公司的现状

第一步，就是分析现状。在这一步中，首先我们要对事业的整体架构进行评价，我们的强项与弱项，威胁与机会，都要清晰地显露出来。

在大和运输看来，当时现状分析的结果是：业绩恶化是从核心部门的卡车运输开始的。大和运输本是靠短途运输发家的，但是战前的成功经验却成为其战后进军长途离运输市场的绊脚石。这是因为，大和的创立者小仓康臣曾经固执地相信，"卡车的运输能力范围就是 100 公里以内，再远就是铁路运输的领域了"。

大和运输开展东京—大阪的长途运输业务是在 1959 年，当时其他公司基本上把主要的雇主都已经抢占完毕。由于很难再揽收到

---

① 这是根据小仓昌男（1999）的书为基准总结出来的。并且，为了忠实于当事人的意思，其中有部分内容摘自原文。这些原文以引号的形式标出。

货物，大和运输只能积极地动员那些新建的工厂，希望以此获得大宗货物的顾客。

可是，大宗运输的利润率比较低。虽然营业额不断上升，但是利润率却在下降。在把业务重心放至大宗运输前的 1960 年，大和的利润率是 3.1%，但是之后的 1965 年，却跌到了 1.7%。

针对利润下降的事实，大和进行了彻底的调研，最终发现实际上小宗货物的运输费用更高。仔细计算，运输 50 个货物，每个货物的费用相当于 200 日元；运输 5 个，每个则相当于 300 日元，两者之间存在 1.5 倍的差价。

其他竞争对手的货物组成是怎样的呢，小仓偷偷地去主要对手的分店打探情况。据说他在出差的时候，还顺便去货物的装卸现场进行观察。结果，小仓终于弄明白，"在这样的情况下，利润低也是理所当然的"。

（2）搜索、选择参照模式

第二步，是寻找作为参照对象的商业模式。

参照模式的寻找范围越广越好。最后，我们既能从多种选项中挑选出自己的参考模式，也能从多种模式中描绘出自己的蓝图。

在此之前，关于个人到家配送的运输事业，小仓已经在脑海中思考良久。结果，在他出差到美国之时，终于与梦寐以求的模仿对象来了一场命运般的邂逅。那就是在纽约曼哈顿的街头，他看到了

4 辆 UPS（United Parcel Service）的揽件车停靠在十字路口的四个方向。

UPS 的 4 辆揽件车停靠在纽约的十字路口。看到这个景象，我的脑海里灵光一闪。网络的收支、能否跨过整体的损益分界点，这些虽然都是问题，但是眼下最重要的，难道不是单位揽件车的损益分界点吗？

通过这次邂逅更加确信自己想法的小仓，开始尝试计算每辆揽件车的收支情况。假设人力费、燃油费、折旧费基本不变的情况下，那么，每天每辆车能运输多少货物的作业率则成为收支的关键。

作业率，是由揽件车所承担服务的区域广度决定的。从 UPS 的服务情况来看，它相当于在市内的每一个小区都有 1 辆车。那么，"把它搬到日本的话会怎么样呢？"小仓开始在心里盘算。

小仓以 UPS 为模仿对象建立商业模型，尝试着计算损益分界点大概在哪里，多少年才能跨过这个点。通过计算，小仓发现，"只要能够增加每辆车的揽件数量，就肯定能盈利。"如此，发展面向个人的、到家配送事业的蓝图就逐渐清晰起来。

不过，话虽如此，当时还没有这种从个人到个人的到家配送服务。因此这项业务对大和运输来说也是一个未知数。想要增加揽件总量，就必须让大众理解这种服务。而此时想要树立服务商品化的形象，大和的模仿对象则是日本航空的"Jalpak"。

Jalpak 的伟大之处，在于它让大众理解：即便是普通人也可以进行海外旅行，同时还把机票与住宿打包销售。旅行的话，每个人目的不同，目的地也不同。对于当时那个并不能说走就走的时代来讲，这是一种很新鲜的服务。

因此，对于面向个人的到家配送来说，首先需要追求的就是服务商品化，让家庭主妇等一般人群也能容易理解。费用方面则采取"无地域差别均一价"，这样即便对日本的地理状况不太清楚的人群也能轻松使用。如此，就诞生了"无地域差别均一价"和"次日送达"两个项目打包销售的服务商品。

对于大和运输来说，虽然存在多个模仿模式，但是其最基本的战略还是从吉野家只专注一种商品的策略那里得到启示。当时，吉野家放弃了准备多种菜单的计划，专注于牛肉饭的开发。小仓在回顾大和运输开展多种业务、利润反倒下降的历史后，认为应该"像吉野家一样下定决心专注一种——做一个只开展个人小型物品配送服务的公司"。

（3）描绘蓝图

找到模式进行分析后，自己公司的目标也会逐渐清晰起来。把海外先进的或国内其他行业内的商业模式当作模仿对象的话，能够非常有效地描绘出自己的事业蓝图。最重要的一点，还是要深度潜入商业模式中难以发觉的结构部分，理解其中包含的原理。

我在这里所介绍的大和运输，是把美国的 UPS 运输事业作为基础，辅以吉野家的战略性构想和 Jalpak 的商品化手法，才有效地描绘出其事业蓝图的。

但是，有时想要高效地描绘蓝图，需要开动脑筋多想一想。特别是，在理想与现实之间存在巨大差距的时候，创新是必不可少的。即便想要实现所选择的商业模式，若是自己公司的经营资源不足，那也必须为化解矛盾而创造出一番新的概念。

以宅急便来说，这项服务能否作为事业发展壮大也是一个很大的问题。为什么这么说呢，因为到家配送的需求是偶发性的，难以预测。另外，不揽件也不会知道配送地是哪里。偶发性兼散发性，使得揽件可能变得非常没效率，因此是否合算也很难预估，这已经成为当时业界的常识。

不过，小仓凭借着无论如何也要将其落实的决心，开始怀疑起这项常识。在经过各种各样的思考、实验后，他注意到一件事，那就是即便个人的需求是偶发性的，但是如果从大的角度来看，从一个地域到另一地域的货物运输总是以一定的数量、平稳地进行着。

那么现在的问题是，应该怎样把分散的小型货物一件一件地揽收上来呢？对于小仓来说，这等于"把洒满一地的豆子，一颗一颗地捡起来"。就算想把大家的快递都揽收至大和运输的分店，却连顾客们在哪里都不知道。如果是顾客打来电话再上门揽件的话又很费时间。到底应该怎样把分散的货物集中起来呢？

答案就是，小仓萌发了通过一般顾客比较熟悉的米店和酒屋来实现揽收的构想。

很快，就连工会的干部们也被动员起来，大家一起组成了工作小组，把新事业的核心概念总结为"宅急便商品化计划"。其事业的蓝图为，让米店和酒屋作为揽收地点进行揽件，原则上收取500日元，来完成1件快递次日送达的"宅急便"服务。

据说，在当时雇员当中，没有人赞成这项到家配送业务。那时是工会中的干部发挥了作用。通过1年23次的团体交涉，（小仓）到最后就连对财务状况都一清二楚。这期间，交涉进展的缓慢性让小仓感到无比艰难。

（4）逆向计算现状与模式的差距

按照以上的步骤操作，就可以得到创造性的商业模式的新概念。如果能够对选择的模式深度挖掘、因地制宜，那应该是比单纯的灵光一闪更加优秀的创意。

但是，所谓的蓝图并不是一旦画完就停止的东西。最初画的蓝图，不过是"开始阶段的终点"①而已，我们还要不断进行修正。脑海中的实验自是必不可少，有时还要实际操作，只有这样，我们才能看到大量之前看不到的问题。特别是，由于商业结构之间存在复杂的牵连，只要把"模仿对象"稍作变形，就会在意想不到的地方产生不可预估的影响。

所以，第四步我们需要思考应该如何实行蓝图中的计划。为此，提出课题、建立起创造性地解决课题的方法就显得十分

---

① 第二次世界大战结束时，时任英国首相的温斯顿・丘吉尔（Winston Churchill）曾说过这样的名言，"这不是结束，甚至不是结束的开始，但，这或许是开始的结束"。

这句名言，也曾被引用在导演三谷幸喜的电影《广播时间》中。这句话跨越不同的世界被人们引用，这让笔者想起在艺术的世界中也能看到模仿的连锁反应。

必要。同时，我们还需要逆向计算到何时为止、怎样到达的问题。不仅仅是建立一个努力的目标，我们要抱着不达目的决不罢休的决心，仔细思考实行计划。

宅急便在发展的进程中树立起明确的指导方针。那就是在提高货物的密度之前绝不计算成本。为彻底实行这一方针，小仓明确打出了"服务优先，利益置后"的标语。

既然开始做宅急便，那么只有货物的密度达到一定的水平才能赢利，达不到就会发生赤字。因此，尽快提高货物密度的"浓度"就是最高命令。为此，我们必须朝着提高服务、明确与其他公司的差别而努力。因为成本上升所以要停止，这句话在这个时候，就和我们的理念格格不入。

为此，在宅急便开始的同一时间，大和运输就增加了从业人员的人数。一旦设立物流据点的仓储中心，那么无论生意可能有多惨淡，也要为中心配置 5 台运输车。承担中央周边业务的有 1 台，其余东南西北方向各 1 台。

另外，如果在配送地点找不到收件人，公司也鼓励员工无论距离远近，都要打电话联系对方。据说，寄件的时候，收件人的地址是"一丁目"还是"二丁目"总会写错。这种情况下，如果寄回发件地，又无法实现"次日送达"。当时的长途电话费非常贵，即便这样，为了彻底实现"次日送达"的目标，也要求派件员使用电话进行确认。小仓认为，让顾客产生感谢的心情，才是最重要的。

（5）实行变革

最后一步就是实行。以日本的商人为例，即便是感觉上好像都明白了，但计划与实行并不是毫无关系的两回事。我们必须保证，每一名实行计划的成员都要理解参照模式，在描绘出蓝图之后能够按照既定的计划一步一步完成。只要成员能够理解，那么即便是困难一点的计划大家也能同心协力共渡难关。

相反，若是成员无法理解参照模式，在实行过程中肯定会遇到很大的挫折。例如，若是对所展示的"模仿对象"抱有一定的拒绝感，或是从一开始就没有向其谦虚学习的心态，那么肯定不会成功。如前所述，在失败的模仿中，有人虽嘴里说着"可以参考"却不认真实行，有人参考了许多不同的模式，最终描绘了一幅半吊子的蓝图，产生了一个各种模式妥协下的产物；如果是这样，那么他们是无法跨越各种各样的艰难险阻的。

在实际开展业务之后，大和运输的从业人员都能够一心向前努力进取。虽然1件快递从揽收到配送都要花费时间和精力，但是因为从构想阶段就得到了工会的大力支持，从业人员也都能够理解蓝图的构造，慢慢地，大和运输就建立起完备的运输体制。

让从业人员从工作中收获喜悦感是很重要的。在此之前做商用货物运输业务时，从业人员在雇主那里得到的都是"趾高气扬地被对待"的感觉，但是到一般家庭那里去时，却会收获充满感谢与慰劳之情的语言。"谢谢你""辛苦啦"，仅仅是听到这些之前从未听过的话，快递员就感到非常开心，就算业务费事一些也不会再抱怨了。

如此一来，快件数量稳步增长。宅急便业务开始于 1976 年，从这一年开始此后四年中，每年快递数量分别是 170 万件、540 万件、1088 万件和 2226 万件，这个数字的增长速度简直就像游戏一般令人难以置信。

接下来，在宅急便业务开始的第四年，即 1979 年，小仓作出了一项重大决定。他决定停止与两家大宗商业货物交易对象的生意往来，从此一心专注于小型到家配送的宅急便业务。这是把吉野家当作模仿对象而做出的决定。

小仓曾经在宅急便业务开展初始，就以"贪多嚼不烂"的想法作出指示，希望逐年减少商业货物的交易量。但是，有的工作人员觉得如果拒绝了多年的老客户心里过意不去，有的人则怀疑如果拒绝了以后是否真的能够靠宅急便站稳根基。关于这时的情况，小仓这样说道："如果没有了大宗交易的生意伙伴，对公司来说是很大的问题。为此员工们可能会产生心理动摇，我也做好了准备。更何况，这回是由我们自己提出拒绝生意，这是不常见的。如果没有上层的信念与决断，这不可能完成。反过来说，像这次一样，有的时候上层必须具备这样的决断力。"

有了这样的决断，才有了"背水一战、建立专注宅急便的业务体制"。大和运输的揽件量也一举达到了 3340 万件，到了第五年，公司终于超越了损益分界点，实现了 39 亿日元的利润总额（利润率 5.6%）。

经过这五个步骤，宅急便的事业也终于平安步入正轨。这是对吉野家、UPS、Jalpak 多个模仿对象进行模仿的结果。通常来讲，这种取多家长处却反遭失败的事例也不少，但是大和运输却能够完美地建立起一套整体的、具备整合性的组织结构。

对于大和运输来说，其发展契机或许在于对现状的分析，但是可以说关键仍在于它与"模仿对象"的相遇。

下一章，我们来讨论一下应该怎样寻找"模仿对象"，以及在寻找过程中必要的心理准备与观察方法。

探索

第6章　观察——如实地察看

在寻找模仿对象时，很重要的一点是：注意不要被常识与先入为主的观念束缚住，我们可以广泛地从遥远的世界展开对模仿对象的搜索。

法国作家马赛尔·普鲁斯特（Marcel Proust）曾经说过，"旅行的真正发现并不在于看到新的风景，而在于拥有发现新事物的眼睛"[①]。

你是否曾经因为某种契机，在平常理所应当的生活中，发现新的事物呢？从疾病中恢复的时候，就会感谢此前似乎是理所应当的健康。或者，从海外旅行归来之时，就会忽然发现在日本好像再自然不过的安全的价值。

可以说，在商业上也存在相同的情况。如果抛弃此前的常识与

---

① 在英文中，这句话被翻译为："The real voyage of discovery consists not in seeking new landscapes, but in having new eyes." 这句话收录于普鲁斯特的由 7 卷组成的大作《追忆逝水年华》（第 5 卷，《女囚》）（法语原文出版于 1923 年）。

先入为主的观念，用一种全新的眼光看待司空见惯的风景，或许会有新的发现。在认为没有价值的地方发现价值，或许你就会注意到此前对顾客的追求上存在误解。

至此，我想向大家传授一种看待事物的方法，这样就算不能完全抛弃常识与先入为主的观念，你也可以抱有怀疑的态度，用新的眼光来看待周遭事物。

理解基本构造

为了发现良性模仿对象，必须具备观察力。如果不能抽出事物的基本构造、点出其中的本质部分的话，就无法判断这个事物能否成为自己的"模仿对象"。

以卓越的性价比提供从大型家具到生活杂物的日本家居品牌NITORI，就是从优秀的模仿对象那里获得灵感，最终建立起自己的事业结构的。据其创立者似鸟昭雄说，从观察到模仿，其中也存在一定的顺序。

先有山，后有林。有了树林和树木，才有枝丫与树叶。如果没有做好这样顺序的心理准备，就不可能获得成功。从家具来说，像碗橱应该怎么设计，这种单品层次的模仿就等于树叶。所以，首先我们需要对家庭装修的整体风格，也就是家庭这个场所进行必要的设想。在此基础上，我们再来选择房屋装修走哪种路线，最后才是色彩与功能的选择。

因此，只有在准确掌握模仿对象的基础、基本构造的基础上，我们才能展开对上层建筑的构建。为了不让我们的事业变成空中楼阁，切不可只被突出的地方夺取全部的注意力，也不可始终停留于表层的模仿动作。

怀疑"理所当然"

接下来，在发现阶段很重要的一点是看到司空见惯的东西。也就是说对平常看起来"理所当然"的东西抱有怀疑态度。所以，发现的第一步就是抛弃我们先入为主的观念。

怀疑"理所当然"分两个步骤。首先，我们必须意识到自己是戴着哪种有色眼镜。好不容易想要发现新事物，结果在无意识中被自己的"理所当然"所支配的话就毫无意义。如果被常识所支配，那么我们也就只能用常识性的眼光看待事物。为了从无意识的支配中脱离出来，首先，我希望大家意识到自己是在用有色眼镜观察世界。

例如，在 NITORI 创业的 20 世纪 60 年代，就存在这样的常识。

· 家具一定是按类别进行陈列的

· 有时价格很贵却不进行标注

· 根据顾客讲价的高明与否，家具价格也时高时低

这时就需要摘掉常识这副有色眼镜进行观察。为此，仅仅意识到有色眼镜的存在还不够，我希望大家能够把自己的有色眼镜的具

体内容写下来，并将其摘下来扔掉。只有首先意识到自己戴着有色眼镜、怀有先入为主的观念，才能将其抛却。把有色眼镜摘下放在盒子或是其他容器中，我希望大家能够在心中浮现出自己将容器置于身边的样子。或者说这种感觉就是意识到：常识就是一种有色眼镜。

意式餐厅萨莉亚（Saizeriya）的创始人正垣泰彦，也在他的著作中说起"如实地观察事物的方法的重要性"。

人在思考问题的时候，总会把他人的前例和成功经验当作前提，从中得出适合自己或是有利于自己的结论……（中略）一定要以自我为中心来思考问题。虽然世人常常说这句话，但是这也不意味着因此你就不会失败。只不过，通过"如实地观察事物"，或者明白了用我的话说就是"原则原理"的东西，可以提高进行正确的经营判断的可能性。

放入括号存而不论

在社会学中，有一种做法叫作放入括号存而不论（Bracketing），参见图6-1。Bracketing用日语直译的话是"用括号括起来"的意思。在背景调查当中，我们鼓励大家：如果遇到来自不同世界、用自己的价值观无法理解的事物时，先不要盲目地下判断，首先把它用括号括起来，保留自己的判断意见。① 通过有意识地明确它是"理所

---

① 在这里我想特别说一句，并不是说先入为主的观念和常识就一定是坏东西。它们往往都建立在过去经验的基础之上，缺少了这些，圆滑的社会生活将寸步难行。其实人类的信息处理能力是有限的，在看见事物进行思索的过程中，不可能把全部都放入括号存而不论。因此只有在想要发现新事物时才应该这么做。

当然"的，把它放入括号存而不论，这有助于我们不要依靠先入为主的观念就妄下判断或评估其价值。

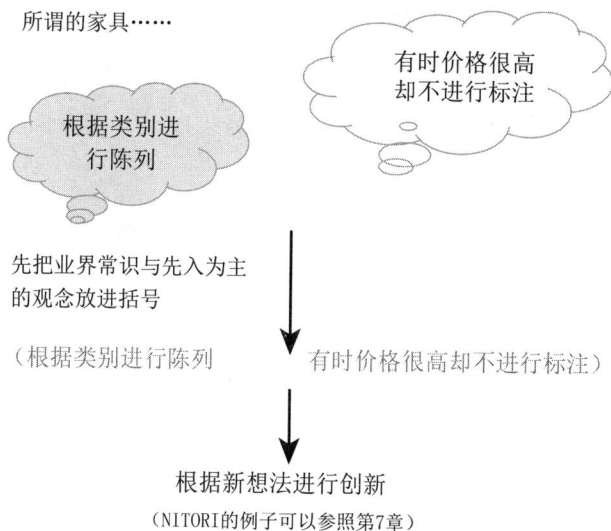

所谓的家具……

根据类别进行陈列

有时价格很高却不进行标注

先把业界常识与先入为主的观念放进括号

（根据类别进行陈列　　有时价格很高却不进行标注）

根据新想法进行创新
（NITORI 的例子可以参照第7章）

图 6-1　放入括号存而不论（以 NITORI 为例）

　　所谓的放入括号存而不论，是科学家们想要发现新事物时的基本心理准备之一。如果科学家不能够摘下有色眼镜，他就不可能会有新的发现。因此，在背景调查中的信息收集阶段，放入括号存而不论是不可或缺的。这种态度不仅在观察阶段，甚至是在接下来的采访与分析中也十分有用，在此，我准备就观察阶段进行解说。

　　教会我放入括号存而不论的，是广岛大学产业与大学·地域协作中心的川濑真纪副教授。她在美国的明尼苏达大学学会此方法后，将其运用于学术界的背景调查中。并且，听说她也开设了面向实业家的放入括号的教育课程。

观察的注意事项

"观察"二字听起来好像很夸张，但其实人们在日常生活中经常进行观察。或许有意识地在进行观察的人也不在少数。

根据观察的实验数据，我们需要意识到的地方，或者说进行观察时的头脑准备，可以概括为以下五点[①]。

（1）如实地接受。

（2）不要妄下判断。

（3）对一切都怀有疑问。

（4）保持旺盛的好奇心。

（5）寻找类型。

对于初学者来说，特别需要注意的是前三点。首先，如实地接受、不妄下判断、怀有疑问这三件事非常重要。因为若是抱有先入为主的观念，很容易会变得盲目。

大家可以想一想沉浸在热恋阶段的状态。[②]一旦把对方想象成女神或王子，那么他（她）所有的行动都会被美化。虽说没有治疗这种热恋期的灵丹妙药，但也不是完全毫无对策。若是有过几次惨

---

① 关于这五点，援引自设计思考研究所工作小组的成果。

② 关于恋爱，一位哲学教授的同事曾向我介绍过《新明解国语词典》中独特的解释。这本词典中写道："恋爱是针对特定的异性、认为牺牲全部也在所不惜的一种情感，经常会思念对方，希望两个人独处，互相分享二人世界，如果能够实现则欢喜雀跃，若是稍有怀疑则惴惴不安。"（第7版，1613页）

痛经历，知道要抱有怀疑态度的话，渐渐就能冷静地做出判断。

可以说在商业上也是同样的道理。不要抱有先入为主的观念，我希望大家能够首先提出疑问，为什么是这样呢？如此，对于曾经非常熟悉的顾客也会从不同角度加深了解。在曾经熟悉的场所中，自己仿佛观光客一样逐渐适应，用新鲜的目光观察周遭的一切。通过把自己认为的"理所当然"放进括号置于身边，我们可以减少自己过度的臆测。

这样一来，在遥远的世界自不必说，就连在自己身边都很容易发现意想不到的模仿对象。换句话说，我们可以在已知中发现未知。

关于梅赛德斯－奔驰的先入为主的观念

梅赛德斯－奔驰日本公司的总经理上野金太郎，就是从怀疑公司内部的"理所当然"开始，逐步进行创新活动的。上野先生是在日本将梅赛德斯－奔驰做到进口汽车销售量首位的大功臣。

梅赛德斯－奔驰日本公司，是将德国戴姆勒集团（Daimler）生产制造的轿车进行进口、销售和服务的现地法人。而戴姆勒集团（Daimler），作为世界上首家发明了汽车并实现量产化的公司享誉全球。仅此一点，它对梅赛德斯－奔驰这一商标就有特别的影响力。

在这里我想问问大家，提到梅赛德斯－奔驰，你的脑海里会有什么样的印象呢？

· 世界上首屈一指的大型高级轿车。
· 医生或者律师这种成功人士以及有钱人的车。

· 成熟型的大人的车，跟年轻人没什么关系。

据说从一部分人口中会听到这样的印象。在日本，"梅赛德斯 –
奔驰＝高级车"，这种印象是根深蒂固的。从进口事业开始的 20 世
纪 20 年代，这种印象就成为一种"理所当然"而延续下来。

的确，梅赛德斯 – 奔驰是追求彻底的安全性与极致的设计性
的汽车品牌，在尖端技术的开发方面也毫不吝啬资金的投入。其价
格之所以很高，也有部分原因是为了收回投资。据说其品牌下的汽
车超过 1000 万日元的不在少数，而其主要的顾客也都是富裕阶层。
在日本，其顾客的平均年龄是 50 岁左右。

但是，可以说"梅赛德斯 – 奔驰＝高级车"就是一种先入为主
的观念。梅赛德斯 – 奔驰拥有多个系列的车型，漫步欧洲街头，有
时也会看见奔驰的出租车。奔驰品牌中既有基础车型，也有要花费
300 万日元才买得起的车型。

在日本，仔细观察就会发现，有很多时髦的车型都是面向年轻
人销售的。[1]A 级车的价格从 200 万日元起，厂家还会为此准备各种
丰富的色彩选择。从车型上来说约有 30 种，从款式上来说更有 155
种，因此年轻人可以根据自己的生活方式选择合适的车型。

2012 年，上野就任梅赛德斯 – 奔驰日本公司的董事长，他深
深地感到有必要推翻"梅赛德斯 – 奔驰＝高级车"的先入为主的观
念，让更多人能够接触并且体验奔驰车的优越性能。

---

① 20 世纪 90 年代，戴勒姆集团开始专注于低排量、燃油效率高的小型汽车的开发和销
售工作，当时正值世界范围内人们保护环境的意识开始提高。

从观察到创新

上野并不是从就任总经理一职后，才对自己公司品牌的固定观念抱有疑问。据说，在 2007 年就任副总经理一职时，他就具有一种危机感，认为一切"这样下去就糟糕了"。

顾客的年龄层逐渐呈现高龄化趋势，下一代的人口却在减少，如此下去，即便仍有顾客按照现在的节奏进行消费，销售数量也会逐年下降。并且，下一代的人群对汽车本身的关心度也并不高。如果梅赛德斯 – 奔驰的品牌跟随顾客年龄层一起老化的话会怎样呢？10 年后顾客平均年龄为 60 岁左右，20 年后就会变成 70 岁左右。若是到了 80 岁，那买新车用来自己驾驶的顾客会呈现陡坡式的下降。"这样下去就糟糕了。"虽然上野这样想，但是据说公司内部很少有人能对其表示赞同。这是因为，截止 2009 年雷曼兄弟破产引发金融危机之前，公司的汽车销售量稳定于年均 4 万～ 5 万辆，在这一时点来说，经营情况是十分良好的。

但这并不意味着历代的总经理就没有一点问题意识。不过，历任总经理都是从德国本部被派遣到他们一无所知的"远东"国家的，任期也比较有限。[1] 因此，也不太可能进行根本性的改革。他们只要把本部交代的定额娴熟地变为销售常数，根据新车的引入制订合理的计划就可以了。

经过长年累积，观察到这一现象的上野不禁感到疑惑："建立一个没有难度的目标，顺利地完成，然后大家都互相庆幸好努力啊。

---

[1] 历任总经理最长任期有 10 年，也有不少人只有 3 年。到不熟悉的国家赴任，从了解课题、提炼对策、开始实行、根据结果进行调整，想要进行这种根本性的改革，时间上确实不太宽裕。

这难道就是一种健全的商业模式吗？我一直对此抱有疑问。"

当时，日本正处于通货紧缩时期。优良产品会以便宜的价格进行销售，这种商业模式在各行各业都非常普遍。

但是，梅赛德斯－奔驰一直坚持着依靠品牌影响力的稳定销售。因此，虽然公司提高了一定的销售业绩，但是公司职员和销售店都认为这是"理所应当"的。

据说上野是一个非常善于观察的人。据跟他一起行动的从业人员说，上野对街头店铺的变化十分敏感，也喜欢到新店进行观察。正是如此，他在看到百元店商业模式、500日元的午餐和1000日元的衣服后很有感触。即便不是将这些直接当作"模仿对象"，或许他从中也获得了一些灵感。

抱着这样的疑问，上野开始就任公司的副总经理。当时上野仅有38岁，但是他已经开始接连不断地拿出展望未来的大胆的提案。其中的第一步，就是在永旺购物中心（AEON Mall）进行汽车的展示活动。

在永旺的汽车展示

说起梅赛德斯－奔驰的展示会，"理所当然"要在一流的酒店召开。在紧凑的空间招待品牌的老顾客，有助于让车主切实体会品牌汽车的"先进技术"、"性能"和"安全性"。

但是，这样一来就无法拓展顾客群体。因此上野才会萌发在永旺进行展示的想法。永旺购物中心是一个可以集合男女老少的巨大空间。虽然公司内部对它的聚众能力评价颇好，但是却也抱有强烈的疑问。

· 这不太符合梅赛德斯的品牌形象。
· 我们和日本产的汽车品牌可不一样。

对于这些疑问，上野这样回答："我并不是想在这个地方要卖出多少车。只不过，我想让更多的人能够完全改变以前的印象，让他们知道'奔驰也有 200 万日元、300 万日元 1 辆的车'，或者是'最近的车型不仅增强了前照灯的性能，设计上也非常时髦'。"

一开始，销售店的人员和永旺的顾客都感到有点困惑。销售人员"理所当然"地穿着深蓝色的西装，以严肃的姿态围绕在展示车辆的周围。顾客们对此感到一种压迫感，因此都绕着展示车走开了。

上野看到这一景象，马上作出让销售人员换上 Polo 衫的指令，并且在汽车的周围配置了以女性为中心的销售人员。此外周边还准备好了气球，通过吸引孩子的注意力，让那些全家一起出门的人也能接触到梅赛德斯 - 奔驰。

结果，在永旺的顾客中，公司听到了完全颠覆销售店所认为的"理所当然"的声音。"怎么会！ A 级车才 300 万日元。""哎，这台轿车 400 万日元就能买下来吗？""居然有在我经济能承受范围内的车，我都不知道。"诸如此类。

永旺和梅赛德斯是完全不搭边的，这是销售方根深蒂固的、先入为主的观念。但是通过与新顾客的接触，这种观念转眼间就被颠覆过来了。

永旺展示会大获成功。不用说潜在的新客户，就连作为搭档的销售店的工作人员，也切实体会到了一种梅赛德斯－奔驰的新的可能性。

在正规销售店也积极推动

不过，公司虽然改变了年青一代对梅赛德斯的固有印象，但是销售方如果没有什么新举措也很难将其与销售彻底挂钩。如果想要向年轻人销售比较便宜的汽车，那么相应的销售策略也要改变。这就不单纯是商品不同，或是顾客层面不同的问题了。

为此，上野在正规销售店也积极推动店员们去彻底地怀疑所谓的"理所当然"。这是因为，到目前为止面向富裕阶层的买卖洽谈，与面向年轻人的方式完全不一样。

过去，梅赛德斯－奔驰的销售方法，主要是销售人员到顾客那里上门销售。老主顾在提出"差不多想换辆车了"的想法之后，销售人员会上门听取他的要求。即便是交货期比较晚这些顾客也会耐心等待，有时在备选配置的选择上也会完全交给销售人员操作。在这种销售模式下，大多数时候顾客根本不需要踏进店门就能完成销售单的签订。可以说这是一种既节约成本又不浪费时间的销售模式。

但是，这种方法却并不适用于低价车型的销售。在可比较的车型范围比较广泛的情况下，需要顾客亲自到店，进行试驾或是由销售人员进行详细的说明。这时即便是自己公司的车型被与其他公司的进行比较，销售人员也要做好让顾客感到满意的应对方式。

从短期效益来看，专注于富裕阶层的买卖比较合算。既不用花费大量时间，收益额也非常可观。只要应对好汽车更新的循环过程，花费最小的努力就能让顾客购买 1000 万日元的车。相较之下，仅仅是 300 万日元的车还要花费大量人力进行销售，很是麻烦。果不其然，在部分的销售店中就听到了反对的声音。

·接下来要强化轿车销售分层，这是不可能的。
·真的想让我们卖低价车型吗？
·这种方法效率这么低，就算有进展也不想干。
·感觉并不能提高利润，感到不安。

不过，上野认为这些想法既傲慢又错误。他说："若是不创造与年轻顾客、新顾客的接触点，品牌将走不长远。"然后，他对这些持反对意见的员工和销售伙伴描绘了 10 年、20 年后的未来发展前景。

如此一来，销售方长期以来的"理所当然"逐渐被剥去，不久，就有积极响应的销售店在街头摆出了小型轿车专用的展示窗。

第7章 探索——去远方看看

知识的探索

为了找到能够成为优秀范本的模仿对象，我们必须在广泛的领域中进行探索。关于这一点，意式餐厅萨莉亚（Saizeriya）的创始人正垣泰彦曾经这样说道："高级男士服装店或是百元店，凡是感兴趣的店铺我都会去走走看。与做菜不同，在经营结构上各行各业都值得学习。甚至不如说，在与饮食界毫不相关的其他产业中，只要不抱有顽固的观念，那么更容易从所见所闻中找到灵感。"

正垣泰彦所进行的实践活动，在经营学中我们称之为"知识的探索"（Exploration）。最初，这是为了说明企业如何进行创新活动而衍生出的概念。

在本书"前言"中我们曾经说过，创新并不完全是从0开始的，而是通过既存的知识点之间相互组合才得以诞生。当然，若是任何人都能想到的组合，那也没有创新性。只有探寻到意外的收获，并将其以崭新的形式进行重组，才有可能达到创新。

但是，伴随着经营的成熟，企业往往会在"知识的探索"方面懈怠。如果只是追求每日利润，那么只要灵活运用已经掌握的知识，效果会更加显著。与"知识的探索"相对，这种活动我们一般称之为"知识的深化"（Exploitation）。[①]重复利用既存的知识并不会引发新的组合形式，但是却能带来直观的利益。

"知识的探索"与"知识的深化"就像车的两个轮子，缺少了任一方都会使企业停滞不前，所以我们应该在平衡好二者关系的基础上进行经营活动。本书中强调的从遥远的世界进行模仿，其意义也正在于平衡两者之间的关系。

一般来说，"知识的深化"在日常业务中会经常发生，与之相反，"知识的探索"则需要我们有意识地进行。就算为了不在重复利用阶段停滞不前，我们也应当为了探寻意想不到的模仿对象而付诸努力。

通过知识探索而取得发现的典型是"黑天鹅"。

黑天鹅

任何人在亲眼看到自己认为"不可能"的事物时，都会开始怀疑常识。在了解其发生机制之后，会感叹"竟然还有这样的东西！"在接下来的一瞬间，有的人就会产生新的想法。

文艺评论家纳西姆·尼古拉斯·塔勒布（Nassim Nicholas

[①] exploration 和 exploitation 是由组织理论大师詹姆斯·马奇（James G. March）所提出的概念。虽然在日语中我们把它翻译为"探索"和"活用"，但是早稻田大学商学院副教授入山章荣则从语言本质的角度，将其翻译为"知识的探索"和"知识的深化"。

Taleb）把"不可能"的事情比喻为 Black swan（黑天鹅）。这是因为在欧洲人横跨澳洲大陆发现黑天鹅以前，他们认为黑色的天鹅是"不可能"存在的。

在遇到自己认为不可能的事情时，人们总会不自觉地在心里大喊"怎么会"。但是，冷静下来仔细分析，就会发现它也并非完全不可能。当你注意到这一点时，就证明你的学习能力达到了一个新的高度。

当你终于明白"理所当然"有时"并非如此"，创新的机会也就会随之而来。在我们眼前的世界中，如果你常常能够发现与众不同的东西，那么机会之窗已经为你打开，各种新的想法就会接踵而来。

在商业的领域中，各种各样的新思考也是通过与黑天鹅的相遇为契机而诞生的。

NITORI 的创新

以超高性价比闻名的家具与室内装饰企业 NITORI，也是以黑天鹅为模仿对象，最终让顾客感到"呀！物超所值"的。

时间回到似鸟昭雄创业不久，由于店铺附近新开了一家大型商铺，NITORI 的经营陷入危机。这时，抱着抓住最后一根稻草的想法，似鸟前往美国视察调研，在那里，他看到了颠覆日本家具界常识的场景。

首先让他感到震惊的是，这里的商品价格被压缩到了日本的1/3。美国的收入水平与日本基本持平，因此即便是一般家庭也可以轻松买到比较有品位的家具。

不仅如此，美国家具的展示方法也是崭新的。以生活场景为背景，这里的家具都是按照不同的生活方式进行展示的。然而，当时的日本，碗橱区就是碗橱区，床品区就是床品区，所有家具都按照相同的类别进行陈列。当看到再现了起居室生活的家具展示后，似鸟终于切实感受到了美国在价格方面和生活水准方面的充裕和富足。

为什么价格会压得如此之低呢？似鸟调查后发现，其秘诀在于连锁经营。如此不仅实现了高水平的标准化与效率化，店铺的铺开工作也更容易实现。当时，在日本有一个常识是："开5家以上的店铺就会出现无法顾及的地方，因此生意也会随之崩溃。"然而在美国有些品牌却拥有超过200家的连锁店铺，这让似鸟震惊不已。

此外，美国的家具在整体搭配方面也引人深思。想要在日本实现这一点可并不容易。不同的生产商生产颜色、外观完全不同的家具，若是单纯地把它们拼凑在一起，是不可能摆出颇具魅力的家居卖场的。然而，若是想要实现连贯的协调感，那就必须自己动手进行家具的企划和制造工作。即便这样，如果想把价格压到像美国那样便宜，也必须放弃日本国内的生产，转向海外生产。

但是，如果进行海外生产，需要进行彻底的品质管理。于是，NITORI向品质管理十分先进的汽车生产商学习其方法。其中的契机也实属偶然，一切始于飞机上似鸟与东风本田的总经理杉山清的一次谈话。"请一定助我一臂之力"，似鸟向杉山清请求道。在杉山清退休之后，NITORI将其迎入团队，并设立了全新的品质业务改革工作室。

在此之前，NITORI 的工作流程是商品完成后进行质检，若发现不合格产品再进行修改。但是从汽车生产的思维来看，这就属于做二遍工。在商品制造阶段就应该实施彻底的品质管理，以防次品的发生。

此外，在材料方面，NITORI 也抛弃了此前发生问题后再进行应对的工作模式，导入了高性能的检查机械，如此一来，事前就可以进行材料检查，并将检查深入贯彻到每一步工序中。之后，在制造方面，工厂也采用了能够把零件与工具引导至正确作业位置的"冶炼工具"。如此，通过把汽车行业长年累积的工作方法引入到家具行业中，NITORI 避免了生产完成后的误差，省掉了对产品的品种、质量、产量的检查。

经过多项改革，NITOR 终于实现了家具业界内无人可比的低价格、高品质的价值创新。"呀！物超所值"，这样的经营结构是在与黑天鹅的相遇之后才诞生的。

JINS

眼镜品牌 JINS 的诞生背后也有类似的经历。据说，JIN（JINS 的原名）的创立者田中仁很喜欢旅行，因此他经常前往海外。一次他偶然看到韩国非常便宜的眼镜，当时不禁对日本国内眼镜价格的"理所当然"产生了怀疑。

时间回到 2000 年，当时日本眼镜的市价约为一副 3 万日元左右。然而在韩国的东大门，包含镜片在内一副眼镜只要 3000 日元左右。田中自身视力很好，并不需要眼镜，但是同行的友人非常惊讶。据说友人当时定做了 2 副眼镜，只要 15 分钟就做好了。

回到日本，田中马上着手对日本眼镜业界展开调研。当他实地来到大型眼镜店进行观察时发现，每家店的客流量都很小，看起来生意并不好。然而，眼镜店的业绩却惊人的不错。深入调查后，田中终于明白，原来镜片生产商、框架生产商和批发商一直都能获得较高的收益。

在这里，田中发现了商机。如果能像优衣库一样灵活操作海外的生产据点，对制造与销售进行一条龙式管理，商品价格就能降低。于是在 2001 年，JINS 引入了框架与镜片组合的价格套餐，眼镜从 5000 日元起售。这一举措不仅提高了眼镜设计的时髦度，更因为其作为眼镜界的 SPA（制造与零售的垂直统合模式）而引起了日本眼镜价格的大幅度下跌。

此后，JINS 在发展过程中虽然也遇到过挫折，但是它愈挫愈勇，大胆改革，之后又一次提出了颠覆常识的眼镜新方案，那就是为视力正常的人群也开发了一款眼镜。

这款眼镜的诞生契机，是由于田中自己长时间使用电脑后，总感到“眼睛内部发热、发痛”。在进行了眼科专家的听证会后，田中了解到这是液晶屏会发出一种青色光的缘故。为此，JINS 开发了一款能够隔离青色光、专门面向电脑用户的眼镜。

眼镜拥有 700 年以上的历史，但它的作用从未改变过。如果我们转换视角，想一想“难道眼镜就只能矫正视力吗？”就会诞生新的眼镜市场。

如此，就诞生了全新的眼镜 JINS PC（现改名为 JINS SCREEN）。同款眼镜上市一年后，累计销售量突破 1000 万副。由此，JINS 开拓了追求功能性眼镜的新市场。在此基础上，JINS 针对眼部干涩、受花粉症困扰的人群开发了专用眼镜（JINS Moisture），以及面向跑步者的眼镜（JINS MEME RUN）。自此，根据生活场景的不同，JINS 开始以超高的性价比向市场提供各种类型的眼镜。

JINS 的成功，正是应用了从遥远世界进行探索并获得灵感的方法。如果能够通过探索活动找到黑天鹅，并将从中得到的灵感应用于自己的世界中，就有可能引发创新。

不适合做经营者的人

在进行知识的探索活动时，至少有两点需要特别注意。第一点，是我们在第 6 章中介绍过的放入括号存而不论意识。关于这一点，萨莉亚的正垣泰彦曾经说过："在餐饮店的经营者中，有些人会在观察其他店后认为：'这家是大店，才能这么做，我可学不来。'或者是从一开始就没想好好学习，反而是对店家吹毛求疵。严格说来，做出这样事情的人根本不适合做经营者。"

在此基础上，正垣还强调，观察的秘诀就在于从其他行业中进行学习。"首先，在选择希望观察的店铺时，若是能选择从经营情况到经营模式都与自己不同的商家，则更容易理解其中的差异之处。而且，就算是其他行业，如果去调查一下大型便利店或是超市中的畅销商品，也更能明白消费者的喜好，从而将其作为自己的参考。像优衣库这种品牌，也曾经从其他专卖店中获得许多启示"。

与调查的区别

进行探索时需要注意的另外一点，就是注意不要精确定位后再去搜寻。更准确地说，我们不应该带着明确的意图与目的展开搜索活动。因为一旦意图和目的过于明确，我们就会被其束缚住。如果一个人脑海中只能浮现出他已经预想好的对象，那他也就只能在老一套的范围中展开搜索了。

例如，假设你现在要去国外旅行，一边拿着导游书一边寻找当地有名的饭店，这会怎么样呢？你的注意点很容易就被束缚于纠结"哪家店好呢"，并且探索的范围也会被局限于"有名的饭店"这个框架中。当然，你也很有可能在这些候补的饭店中品尝到当地特产的美味，但这只能说是预想中的事情罢了。

相反，"新的结合"（在这里应该说是相遇），必须是预料外发生的事情。也就是说，一定是事先没有计划却碰到的事情。

比如，你没有目的地在街头走走逛逛，碰巧看见了一家精致的杂货店，进去后发现自己心仪的小东西。接下来，和店长随便聊聊，他就会告诉你当地独特的饭店在哪里。此时正好到了饭点，你想那就去看看吧，于是在这里你尝到了意想不到的味道，度过了一段美妙的时光。

如果带着明确的目的来调研，那叫作"调查"。调查是一种被上司要求回来还要写报告的活动。而探索，则脱离了调查的框架，去自由地走走看看，去发现有趣的新事物。

如果你在出差申请书的目的一栏上写道："我要去居酒屋，看看会不会碰巧遇到能成为我们新的合作伙伴的人。"那上司估计不会批准你的申请。可是，如果你真的在居酒屋中遇到了谁，记住不要马上把他请到宾馆进行商务会谈，而应该在居酒屋里慢慢地聊一聊。这才是探索。如果探索的结果令人满意，那么你回来在出差报告书上堂堂正正地写下这一点，上司大概还会褒奖你呢。

存在于框架外的创造性

这样想来，所谓的探索，对于特别认真的人或者是重视效率的人来说可能比较困难。为什么这么说呢，因为在探索活动中，你必须保持好奇心，跳出老一套的框架来寻寻觅觅。

总而言之，如果是要调查某一个特定的对象，那实在是称不上探索。在进行探索的时候，实际上你并不知道自己要找的是什么。相反，如果是一开始你就知道的东西，那也不会带来意想不到的新组合，更不用谈创造性了。

比如说，在大型书店想找本书时，你一般是怎么做的呢？是不是事先想好自己需要什么信息，然后直接奔向这类书架，找到想要的书以后马上付款回家呢？

当然这也是一种方法，但是却不会让你碰到意想不到的奇遇。就算按这样的方法找到了书，那也去其他的书架走走看，没准就会发现什么有意思的书，这才是探索的过程。并且，偶然买下的书竟然意外地有趣，这件事本身才是"意想不到的奇遇"。如果按照本

书所说的方法，你是不是也想去实体书店或者网络书店，搜寻一本
有趣的书呢？

一颗玩儿的心很重要

这里说的可能有点过，但是所谓的探索，的确是一种充满玩儿
的心与知性好奇心的行为。

· 好像挺有意思的。

· 究竟发生了什么呢？

· 为什么会这样呢？

"就是为了调查这个才来到这儿"，请抛弃这种想法，我们应该
抱着一颗玩儿的心，在好奇心的驱动下去尝试任何未知事物。也就
是说，我们最好不要抱着明确的目的迅速前进到目的地，偶尔也要
给周围的小道留有足够的时间。只有如此，你才会有意外的奇遇，
这也往往会带来意想不到的创造性。

当然，我们还是要保持明确的问题意识。如果缺少问题意识，
看到任何事物都会觉得跟自己没有关系，那也不会得到任何启示。
这样的话，就算把灵感置于眼前，你也会视而不见。

意外拿在手里的那本书，或许就是你最开始感兴趣的类型。遇
见它的时候，你有没有发现自己在潜意识中就对其感兴趣呢，"这
样说来原来我是在找这样的书""原本我还对这个感兴趣"，即便这
种兴趣仅仅存在于你的潜意识，但如果不是对这个话题有兴趣，你

也不会遇到它，只会与其擦肩而过罢了。

有一点虽然很难用语言表达清楚，但是即便你对某件事感兴趣或是怀有问题意识，有时候我们还是应该把它沉淀在自己的意识底层。只有这样，我们的注意力才不会只拘泥于这一点，也可以防止我们用狭隘的目光仅仅在这一领域中进行探索。如此，因为只是暂时把它置于意识底层，一旦遇到意外的模仿对象，我们就会在脑海中浮现出"这样说来"的感觉。由此，当模仿对象与问题意识结合在一起的时候，我们往往会找到预想之外的解决办法。

"只能这么解决""灵感应该就在这里"，大家请把这样的想法放进括号丢在一边吧。我希望大家能够怀有玩儿的心，在与平常不同的领域、平常范围的框架之外展开探索。

越是被穷追不舍，人们的视野就越是狭窄。这样的人不仅会变成"近视眼"，也不会找到创造性的解决办法。整天都为紧张的课题烦恼，每天只面对这些恼人的问题，探索的范围也会越缩越小。我们一定要小心，不要被这一阶段能够想到的"答案"所束缚，也不要仅仅在相关的范围内展开探索。

但是，正是在这样的时刻，我们更需要打破僵局的新组合，也更需要真正意义上的探索活动。

网络的自我分析

至于探索的途径，有很多种，比如到其他公司或者其他领域进行观察、扩大读书的范围、通过网络和社交网站收集信息、参加学习研讨会等。

不过至关重要的一点，还是当事人所持有的社会网络。

首先，如果想要发现意想不到的模仿对象，我们需要在未知的领域认识一些熟人。从向自己传授未知世界知识的角度来讲，当然书本也可以。但是若想打开通向未知世界的大门，还是有必要与人或事物进行结合。

若想实现这样的际遇，首先我们需要一位领航员。能够传授我们新知识的人在哪里呢？自己潜意识中寻找的书又是哪本呢？只有同时具备了促进新结合诞生的人物，以及优秀的推荐服务，我们才更容易找到意想不到的模仿对象。

接下来，在进入把模仿对象引入自己的领域进行模仿实践的阶段时，我们还需要一个与探索活动不同的网络。也就是说我们需要附近人脉的支援。无论是公司内部的上司、同事、下属也好，或是可信赖的外部合作伙伴也好，我们需要这些实际上能够调动资源的人群的帮助。

想要做些新鲜事，就必须进行一些与日常轨迹不同的工作。同时，有时也必须接受一些来自不同部门、与平常不同的角色担当。新事物的到来往往伴随着麻烦，这就需要我们看清楚周围存在着怎样能够帮助我们的人，并与他们齐心协力，共铸辉煌。

当然，如果这时有人能够帮助我们广泛地宣传新事物的意义，那就再好不过了。我希望大家能够重视这种人际网络，在充分理解模仿对象的优势以及它可能带来的创新的基础上，通过他们的影响力，模仿的意义能够最大限度地得到传播。

网络行动者的四种类型

在这里我要给大家介绍的是，斯坦福大学设计学院（d.school）等机构所使用的分析方法。想要进行网络分析，你需要尽量客观地描绘出其整体构造，然而这需要花费大量的时间和精力。更何况，无论你收集了多少庞大的数据，也不一定就能正确地描绘出整体轮廓。

此时，这里将要介绍的方法就会派上用场，并且操作起来比较简便。这种方法并不关注网络本身，而是更加注意成为结点的人物和组织。在社会网络分析论中，我们称呼这类人和组织为行动者（Actor）。

每一个行动者都持有自己固定的网络。而正是行动者背后的网络才是最重要的东西。在这些网络中，有的包含着自己不知道的珍贵信息，有的则含有我们无法入手的资源。我们需要做的，就是选定这种重要人物（Key person），掌握他们背后的网络。

网络中的行动者可以分为四种类型。

（1）Catalyst ＝成为催化剂的人

所谓的催化剂，指的是能够促进你洞察、注意或是给予你刺激的人或组织。本书中所提到的遥远世界的"模仿对象"，就可以认为是催化剂的典型例子。

以 NITORI 为例，最初成为它"模仿对象"的催化剂，就是其总经理在美国所见到的连锁店。似鸟在实际观察了西尔斯（Sears）百货店的家具卖场以及家居连锁专营店 Lebiz 之后，深刻理解了性价比的含义。美国的家具不仅在价格上压缩到了日本的 1/3，并且也为日本的家具市场提供了一种整体搭配销售的思路。

（2）Connector ＝帮助搭桥的人

这里所说的连接器（Connector），指的是那些通过将你引荐给其他人，来促进你思考与行动前进的人或组织。

比如说，那些支援公司经营的公益性团体，就能为我们实现这样的效果。以似鸟为例，虽说他前往连锁店的大本营——美国进行了考察，发现了"模仿对象"，但是提供给他这次机会的，却是专门负责协调前往海外或其他行业视察的企业顾问。优秀的企业顾问或是业界团体比较了解什么样的"模仿对象"足以成为催化剂，同时也会通过组织团体旅行等活动将其介绍给我们。

（3）Enabler ＝转化为现实的人

这里介绍的实施者（Enabler），是指那些能够为了实现你的理念而采取直接行动的人或组织。以 NITORI 为例，支撑公司初期发展的实施者，就是那些合作开店的土地所有人，以及为公司融资提供贷款的银行。

NITORI 在筹备 3 号店开业之时，凭借着梦想与浪漫，终于说服了一位顽固的土地所有人，得到了一处理想的店铺位置，但是公司手头却非常拮据。于是，似鸟向北洋相互银行（现在的北洋银行）的支行行长阐述了自己在美国视察的感想，并就未来的商机进行了详细的说明。支行行长听取了似鸟的话后，终于同意了 NITORI 的贷款请求。

在 NITORI 连锁店加速铺开的进程中，土地所有人和交易往来的银行，都承担了不可或缺的实施者的角色。

（4）Promoter ＝广而告之的人

所谓的促进者（Promoter），指的是能够将你的想法或者是你自身推广到其他网络中的人或组织。

仍旧以 NITORI 为例，承担实施者角色的土地所有人还兼任了促进者的工作。据说，当 NITORI 计划全面进军本州市场时，就有一位土地所有人自己开着车，把本州当地的土地所有人都拉到店里向其宣传。这位女士虽然是土地所有者，但是却向大家宣传起 NITORI 的优势。之后，本州地区 1 号店的土地所有人，也开始向其他所有人宣传，"NITORI 的业绩不错，也很守规矩"。

于是，有很多 NITORI 店铺的土地所有者都成了公司的股东，他们也受邀参加公司在北海道的知床、大沼，以及京都等地召开的股东大会。在公司每年一次的团拜会上，NITORI 也会向大家报告这一年的业绩，顺便宣传一下企业的方针政策。

四片叶子的幸运草

以上四种行动者，常常被比喻为四片叶子的幸运草。幸运草，每一片叶子都不能单独生存。它们成群成片生生不息，地下根部的网络交错复杂。也就是说，每当你需要取得必要的信息与帮助之时，发挥作用的，总是这些网络，也就是你的幸运草。

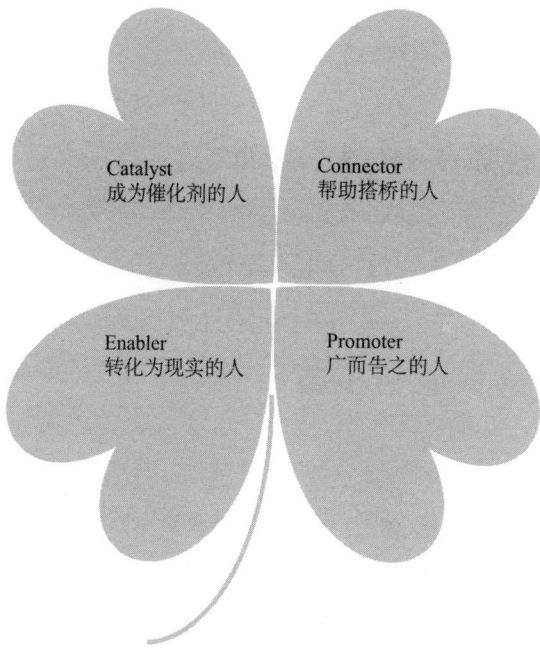

图 7-1 网络行动者的四种类型

第8章　教师——模仿谁？怎么做？

在各行各业中，总有一些公司会经常成为热门话题。一旦它们的事迹上了报纸或者杂志，第二天就会有人谈论，"人家都已经这么做了，我们还不做点什么能行吗？"或者是"人家这么做，那我们也这么做吧"。

这些话即便不是在正式的会议上提出，在非正式场合也总能听到人们谈论。大家应该都有这样的经历吧。

在这种场合下，经常被提到名字的公司都是怎样的呢？我想，一定是在某种程度上，会被其他公司作为模仿对象进行参照的公司吧。

一般说来，容易成为大家模仿对象的，总是以下几种公司之一。①

---

① 这种分类方法是基于经营学中关于模仿的研究成果总结而成。

　　·业绩不错的公司

　　·在业界评价很高的公司

　　·在业界经常被模仿的公司

　　原来如此，如果说模仿业绩不错的公司，这是很好理解的。因为大家总会认为，只要原原本本地模仿它们，自己公司的表现也会越来越好。

　　若说模仿评价高的公司，这也不难理解。即便在公司前景并不明朗的情况下，只要是自己模仿了信任度高的，或是其他人也在模仿的公司，那就不会被周围的人说三道四。[1] 特别是，当你导入了一些新制度、而成果尚未完全显示出来的时候，人们总是更容易倾向去跟随那些在业界处于领导地位的企业。[2]

模仿的四种类型

　　但是，在模仿的过程中，我们也不一定就只看那些业绩良好的竞争对手。此外，也不是说只要向那些优秀公司看齐就可以了。甚至可以说，就算你把那些大家都在模仿的公司作为"模仿对象"，也不一定就能成功。

---

① 在风险比较大的情况下，一般公司都会选择模仿那些行业内的领导企业或者是比较正当的组织。这样的思维方式我们称之为模仿的同类化（Dimaggio and Powell, 1983）。在此之后，Haunschild and Miner（1997）提出一种测定模仿行动的方法，证实了在风险系数较高的情况下，多数公司会采取模仿被很多人所模仿的对象的办法。

② Sherer and Lee（2002）曾经对美国律师事务所的人事制度的普及过程进行调查。结果发现，首先，领头企业由于资源不足，开始导入革新的人事制度；之后，其他公司为了提高自己的正当性而将其导入自己的企业，这样就促进了制度的普及（此研究结果曾获美国某权威学术研究杂志的最佳论文奖）。

因此，这一章我想向大家展示一下关于应该模仿谁的基本知识。其中之一，就是"向模范教师"学习的方法。这种方法的产生是基于"隐喻的联想"，因此即便是遥远地方的东西，也可以直接进行模仿，比如从其他行业或国外，甚至是过去都能获得灵感。通过探寻此前没有发现的意外的共通点，我们可以找到自己的模仿对象。

另一种方法，是通过"反面教材"进行模仿。[①] 这与在第14章中将要介绍的"逆转的联想"是相通的，即通过触碰业内产业的反面来诞生新的想法。

应该模仿谁？在这个问题中，你的教师是在"公司外部"还是"公司内部"，两者之间还有一定的区别。

因此，我们的切入口可以分为两个角度，"是模范教师还是反面教材"，以及"公司外部还是内部"。[②] 由此，我们可以整理出模仿的基本类型图（表8-1），其中包含四大类型。接下来，根据每

---

① 社会学者塔尔德（Gabriel Tarde）认为，所谓模仿的行为实际上比我们常识性的感觉要来得更加广泛。在日常生活中，模仿可能会被限定于有意识地去模仿某种事物。但实际上，根据塔尔德的研究，模仿中不仅包含有意识的模仿，也存在无意识性的模仿。在商业领域中，有很多例子证明，有时并没有特意去接受某种事物，但是不知不觉中却会受其影响。

此外，塔尔德指出，模仿行为中既有原样继承的"模仿"，也有否定后接受的"反面模仿"。也就是说，"模仿有两种方式。一种是照着模仿对象进行相同的模仿，另一种则是进行完全相反的模仿"。

同时，在学习的理论中，关于从反面教材进行模仿的理论，是从替代性学习的角度推进研究的。例如，Kim and Miner（2009）曾经进行过一项实证研究，看一家企业能否从同行业中其他公司的经验，或者是相近行业的公司经验中获得启示，避免破产。结果证明，其他公司的失败经历，以及为了挽救失败而进行改正的经验，都可以帮助自己避免破产的风险。

② 这两个坐标轴来自学习理论中的基本思考方式。这其中包含有两个论点，第一个是要经验学习还是替代性学习，第二个是要从成功中学习还是从失败中学习。

一种模仿中需要注意的关键点不同，我们来依次进行说明。

表 8-1　模仿的四种类型

	正向模仿（肯定）	反向模仿（否定）
公司外部（其他公司）	单纯模仿	反面教材
公司内部（自己公司）	横向展开	自我否定

单纯模仿

正如前面所介绍的 NITORI 那样，有时候从遥远的地域也能发现优秀的模仿对象。或者，就如快时尚服装品牌把便利店当作参考一样，从相邻的不同行业的经营结构中，我们也能进行参照。即便有时它们离我们很远，但只要能作为自己的参考，我们就应该把它们拿过来。这里所说的单纯模仿，指的是模仿其他公司商业模式中的一部分，或者是全盘模仿。

一般说来，提到单纯模仿，人们总会认为那是为了追赶竞争对手而采取的行动。实际上，正如之前反复强调的那样，单纯模仿也能带来创新。例如把其他国家的结构带回到本国，或是把其他行业的模式搬到自己的行业内，这都有可能为我们带来创新。

瑞安航空

商业领域内单纯模仿最为显著的例子之一，或许就是被称为廉价航空公司（LCC）的、价格非常便宜的瑞安航空（Ryanair）吧。大家一致认为，它的原型就是美国的西南航空公司（Southwest Airlines）。在欧洲是瑞安航空，在亚洲则有通过模仿而成功的亚洲航空（AirAsia）。

瑞安航空成立于 1985 年，公司总部位于爱尔兰的都柏林，是一家具有代表性的欧洲廉价航空公司。公司 CEO 迈克尔·奥利里（Michael O'Leary）于 20 世纪 90 年代初，正式将公司的发展方向定位于廉价路线。并且，该公司于 2009 年成为国际航线输送旅客量第一的航空公司。迈克尔曾经这样说过："我们所做的，不过是照搬赫伯特·D. 凯勒赫（Herbert D.Kelleher）曾经成功的商业模式罢了。只不过，能够完美照搬的，可能只有我们；敢说自己可能超越了西南航空的，也只有我们。除此之外，在模仿西南航空这一点上，我们从未变过。"

美国的西南航空，可以说是廉价航空之父。[①] 西南航空创建于 1967 年，当时，被称为提供全面服务（Full-service Airline）的大型航空公司，为了提高事业整体的效率，在航路的设计上，采取了即便绕远，也要特意飞到据点机场来搭载临时旅客，然后再前往目的地的做法。这种方式我们称之为轴辐式（Hub & Spoke）运输网络。就日本而言，相当于从函馆前往稚内途中，先要经由东京的羽田机场后再继续飞行的感觉。

因此，西南航空决定为那些"想要花费约 1 个小时就能飞到相距 400 英里（650 公里左右）以外地方"的人，提供特别便宜的飞行服务。通过不需经过据点机场、直接连接两个城市的飞行路线，西南航空创建了一种被称为活塞（Piston）运输的商业模式。这种

---

① 作为改革者的代表公司，西南航空也有自己的模仿对象。廉价航空的经营模式，与汽车的生产系统和连锁经营体系一样，都可以看作是模仿的连锁反应中的进化产物。

模式也被称为 Point to Point（P to P）模式。

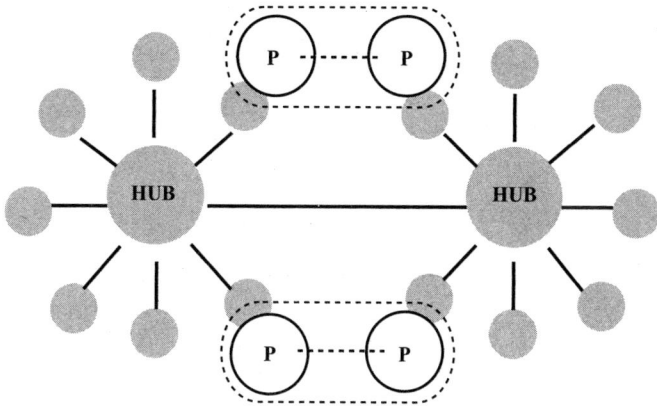

图 8-1　Hub & Spoke 和 P to P 航路的区别

所幸，由于地方机场的乘客比较少，因此机场使用费也比较低，飞机起降时间比较充裕。另外，西南航空还把机内服务降低到最小化，缩短飞机从着陆到起飞的驻机时间，大幅提高了飞机的运转率。另一方面，由于地方机场的滑道普遍较短，那么在机型的选择上就必须全部统一为震动幅度较小的波音 737。然而也正是因为机体的统一，西南航空在飞行员的训练和机体准备工作方面都得以尽量控制成本。

瑞安航空把西南航空的成功模式作为自己的模仿对象，开始专注于短途航线事业。首先，在机体上公司统一选择了波音 737 — 800 机型。之后，尽量选择地方机场，并且放弃登机桥，而是使用室外的移动式阶梯，这样就能尽量节约机场使用费。服务方面，在行李托运、优先乘机、优先选座和饮料项目上都需要付费。此外，飞机在机场的驻机时间也缩减到 25 分钟，大大提高了飞行员和客舱乘务员的生产率。

不仅如此，瑞安航空还放弃了可调节座椅，以确保客舱内拥有更多的座席。窗户上也没有遮光板，前座后背上的口袋也取消。这样，飞机重量减轻了，燃油费也得以降低，驻机时间缩短，客舱清洁更加简单。终于，瑞安航空的市场竞争力甚至超过了西南航空。

如今，瑞安航空的商业模式已经被新加坡的虎航（Tiger Airways）和墨西哥的 Viva Aerobus 航空公司继承。它的经营模式已经成为新型廉价航空的"范本"。

单纯模仿的注意事项

瑞安航空之所以能够对西南航空进行单纯模仿，是因为欧洲的经营脉络与美国基本相同。在欧洲域内，由于航空市场已经统合完毕，进行国际线飞行时就不再需要各航空公司之间的联盟协作，城市之间可以实现直飞。假如需要同盟协作的话，在座位管理上势必就需要导入电脑预约系统，而这样就无法实现超越西南航空的低价飞行。

此外，由于欧洲在政治经济上实行地方分权管理，因此地方机场数量众多，也方便操作。通过互相竞争，航空联盟就有可能从机场方面获取有利的条件。并且，由于是地方机场，它们在与航空公司内部的飞行计划上就有可商量的余地，飞机的运转率也因此可以得到提升。

其次，在互联网基础设施的环境上，欧洲与北美情况也基本持平。比如，美国的互联网普及率高达 78%，而欧洲基本上也能达到 58%。相较亚洲平均 23% 的数据来说，欧洲的基础设施环境与美国更加接近。因此，航空联盟可以向西南航空学习，引进联盟内部的网站实行机票直销机制。

如此，在通过单纯模仿建立生意的时候，很重要的一点是要看清两者之间脉络的共通性。[1] 彼此脉络越是相近，就越容易在自己的领域中带来创新；反之，则很难将其移植到自己的行业中。

反面教材

能够成为典范的一定是优秀教师。大家对这一点应该没有异议。但是，实际上除了优秀教师之外，人类从反面教材中一样能学到东西。我们经常说"见贤思齐"，在商业领域中这句话同样适用。即便是反面教材，也可以成为不错的典范（当然，是逆向典范）。

接下来我们将要介绍从反面教材那里进行学习的商业典型——格莱珉银行。格莱珉银行就是通过反转现存的银行系统，而衍生出了如今这套划时代的金融体系。

---

[1] 经营脉络的差别越大，自己需要下的功夫就越多。以廉价航空为例，单纯模仿联盟的亚航，就是克服了许多脉络上的差异才获得成功的。其中的适应过程，虽然开始于单纯模仿，却并未终止与此。

罗多伦（Doutor）咖啡的创业，就是鸟羽对他在巴黎看到的"站着喝咖啡"和德国奇堡（Tchibo）咖啡店现磨咖啡的单纯模仿。但是，他最终建立的罗多伦咖啡，却取得了独特的进化成果。为了在日本实现低价的、站着喝咖啡的生活方式，鸟羽不仅推进了自助服务与店铺机械化水平，同时还取得了现磨咖啡与店铺比率之间的平衡。

格莱珉银行

格莱珉银行是一家 1983 年创立于孟加拉国的银行，其名称中的“格莱珉”，意思就是“农村”。这家银行的特点在于，它将此前不被看作融资对象的贫困阶层作为贷款对象，同时实行无担保的小额融资。基本操作是将有金融需求的女性 5 人结为 1 组，促进她们的互帮互助。通过这一结构，银行实现了 90% 以上的还款率，也颠覆了不能向贫困阶层融资这一常识。

这家银行的创立者穆罕默德·尤努斯在美国接受教育，回国后成为孟加拉国吉大港大学的教授。他之所以发起这项活动，契机在于一次在大学附近的村子里，看见妇女们手工做竹椅子的景象。这些妇女虽然从早到晚一直在做活，但是一方面因为高利贷的压力，一方面所做的椅子还被杀价至低廉的价格，一天下来，她们的手头只剩下 2 美分。

被这一景象惊呆的尤努斯，通过调查发现，这个村里竟有 42 户有同样经历的人家。这些人借来的钱只有区区 27 美元，但若没有这点钱，他们连正当劳动的等价报酬都得不到。于是，尤努斯决定向这 42 户人家借出 27 美元，并让他们盈利后再还钱。这 27 美元，不仅让妇女们过上了幸福的生活，尤努斯也从中深刻体会到，若是不把这种融资制度扩大，就无法拯救众多困苦的人民。

因此，尤努斯首先就去跟有合作的银行进行交涉，然而银行却并不肯向他们融资。向这种读写能力都有问题的人进行小额融资，就连事务性的成本都无法收回，更何况没有担保怎么可能借钱给他们呢。尤努斯则紧咬住一点，认为这些在贫困线上挣扎的人，一旦将借款还清之后就必须继续借款，否则他们的生活则难以维持。然而银行方面却认为这太过理想主义，坚决不向穷人贷款。

尤努斯终于领悟到，在现行的银行体系中，这件事无论如何也不可能办成，因此他决定自己做这些穷人的担保人。尤努斯将银行这些麻烦的书面手续一己承担下来，借出了 315 美元。之后的 1977 年，他又雇用了 2 名女性职员开始贷款业务。

当然，尤努斯对于银行事业并没有丰富的经验。因此，他想到的是把传统的银行系统当作反面教材进行学习。

虽然号称穷人的银行，但是一开始我却并不知道应该怎样经营。所以，首先我从学习这一步开始。1977 年 1 月，在事业起步阶段，我就开始调查看其他人是怎样运营贷款事业的，并从他们的失败中学习经验。

现有银行融资失败的理由之一，就是它总是一次性借出大金额贷款，回收时也要求是一次性的大金额还款。借款金额大，利息也就大。这样，还款时的金额就会更加庞大，于是还款日期也一拖再拖。最后，还款人觉得放手大额金钱实在是可惜，就干脆不还了。

把这当作反面教材的格莱珉银行，决定实行把每次还款都控制在小额还款的政策。这样，还款时就不会让人产生抗拒感，也能让借款人慢慢熟悉金融的概念。

具体来讲，贷款期限约定为 1 年（利率 20%），还款方式为每周定额还款。据说，这样如果连续还款 3 个月，还款人就有自信认为，还款金额还剩 3/4；过了半年就只剩一半，还款人对于还款这件事甚至会抱有喜悦之情。

贷款对象设定为女性。在孟加拉国，女性的社会地位之低下是在日本的人难以想象的，有的人甚至连钱都没有摸过。如果丈夫 3 次叫嚣着"要离婚"，那婚姻真的面临着结束，女子被丈夫抛弃，孩子也独立生存；缺少了劳动力，女人就会陷入十分悲惨的境地。

尤努斯希望这样的女性能够自立。因此在多次摸索总结经验之后，他提出了让妇女们结成小组、互帮互助的理念。

结成只有女性的小组，这其中含有几个意图。第一，若是男女都有的情况下，男性的意见就会压倒女性占绝对地位。第二，若是面向男性贷款，很有可能他们就把钱花在了赌博等事情上。反而是这些若没有下一次的融资就无法生存的女性，更加能够拼命劳动进行还款。特别是那些必须抚养孩子的母亲群体，这种意识就更加强烈。

基于这样的思考，尤努斯首先向那些必须依靠融资才得以维持生计的母亲进行宣传，赢取她们对格莱珉银行的信任。其次，也鼓励她们把那些怀有同样目的、家族之外的女性带进自己的贷款小组。

银行并不要求小组成员对还款负有连带保证责任，如果有人不能还款，其他成员并没有替她还款的义务。但是，如果有人未能按时还款，那么这个小组的其他成员也就不能再借款。因此，当事人为了不给其他小组成员添麻烦也会努力挣钱，小组成员之间也会定期查看借款人的情况。此外，为了防止无法还款的情况发生，小组内部还会逐渐存钱，建立起紧急基金。

这种小组模式的优势不仅局限于还款的时候。因为孟加拉国的女性从出生开始就不会被培养如何维持家计，有些人甚至惧怕碰钱。有些人就算真的想来借钱，但仍然感到非常不安，到底应不应该借呢，总是犹豫不决。但是因为小组成员的支持，在犹豫的时候总能得到大家的鼓励。

当有人问尤努斯，是怎样想到格莱珉银行的点子时，他说："我就是仔细观察一般银行的做法，然后尝试着把它们反过来做呀。"他还特意强调："实际上真的就是这样。"

表 8-2　格莱珉银行的构想

- 之前的银行都把融资对象设定为有钱人，那格莱珉就设定为穷人
- 之前的银行都偏向大额交易，那格莱珉就做小额交易
- 之前的银行都在城市展开业务，那格莱珉就到农村去
- 之前的银行都需要担保，那格莱珉就不要
- 之前的银行都把男性作为主要客户，那格莱珉就针对女性
- 之前的银行都把顾客叫到银行来，那格莱珉就到顾客那里去拜访
- 之前的银行都要调取客户过去的履历，而对格莱珉来说产生威胁的只有客户的未来

穆罕默德·尤努斯，《格莱珉银行的轨迹与奇迹》，《一桥商业书评》，第 57 卷第 1 号，2009 年。

反面教材模仿的注意事项

把其他行业的公司经验进行反转，有时很有可能只得到一个跟自己毫无关系的商业模式。因此，从原则上来说，所谓的反转只有当发生在同行业公司的身上时，才比较有意义。

此外，反转一个特点鲜明的模式，我们会得到同样具有特色的

反转模式；若是反转一个概念不甚明确的事业类型，那也只能得出一个内容模糊不清的类型。在格莱珉银行的例子中，正是因为它把现存银行当作反面教材，才最终做出了一项颠覆常识的创新。

当然，这并不是说谁都可以作为反面教材的模型。就尤努斯而言，他能够站在怀疑银行业务的合理性这一点上，是非常幸运的。毕竟对于一般的银行家来说，无须担保、专门面对贫困阶层进行小额贷款这件事，是很难想到的。

除此之外，想要帮助那些挣扎在贫困线上的人群的愿望也是非常重要的。这些贫苦的贷款人是怎样思考、怎样行动的，他们需要什么，只有充分了解这些问题，尤努斯才会想到应对之法。这也是为什么，他能够找到银行的失败之处——现存的经营结构无法回应贫苦阶层的需求，并从失败中进行学习的原因。

2006 年，尤努斯获得了诺贝尔和平奖，其活动被评价为"从底层对社会、经济的发展进行创造并付出努力"。之后，他所创造的微型金融体系，弥补了传统金融体系中模仿的连锁反应的不足，成为世界上 60 多个国家的金融模仿模式。

横向展开

虽然不能说是"当局者迷"，但有时优秀的模仿范本就在公司内部。在擅长进行创造的公司里，前辈企业家就是后辈们的模仿对象。这种在公司内部探寻范本的模仿类型，我们称之为横向展开。也就是说，我们可以把旁边办公室的事业部，或者是海外当地法人的工作模式作为模仿对象，从中学习建立起新的事业。一旦某个事业部成功开发出新型业务，就会在公司内部引起连锁反应，其他部门也会对它进行模仿，有人会说"接着他的模式继续干吧"，或者是"可不能输给他们哟"这类话。

像这样的横向展开，并不局限于单方面的传播。如果是在跨国企业中，通过总部与地方法人的对话，最初可能只是把本国的生产结构原样移植到海外据点，但不久之后，随着当地法人实力的增强，就会诞生符合当地情况的创新活动。此后，这种创新反过来又会在总部和其他地区横向展开。

强生

这一节，我们将要介绍以横向展开的方式，在隐形眼镜行业掀起创新的强生公司（Johnson & Johnson）。强生公司创立于1886年，因为关注到肉眼无法看见的细菌的存在，强生成为开发医疗用品的领军企业。

由于是做医疗消耗品起家，强生的产品都是以即用即抛的特点而著称。也就是说，强生的商业模式是：产品通过灭菌消毒使用后，即用即抛，以此来保证产品较高的安全性。在医院内部，为了防止交叉感染，医疗用具也是即用即抛，这已经成为业内常识。强生公司在这一领域也确实有着不错的业绩。

在隐形眼镜业务方面，强生认为这种商业模式同样适用，于是公司决定将这套基本的商业模式横向展开。因此，强生没有被隐形眼镜业内的常识所束缚，而是用新的想法开拓了事业版图。

这就是即抛型隐形眼镜——安视优（ACUVUE）[1]。

在最基本的设计思想方面，即抛型隐形眼镜与之前的产品有所不同。在此之前的设计理念中，高品质的隐形眼镜，使用期限应为2～3年，使用过程中不仅需要时常清洗，还要小心呵护。因此，隐形眼镜的技术性课题在于："怎样提高镜片的耐久性""怎样使镜片表面更加光滑""怎样进行更加方便有效的清洁"等。总之，此前的生产模式是：通过改良材料提高其耐久性，深究制作工艺提高加工精度，同时还要时刻注意在支出平衡的基础上尽量降低生产成本。

与此相对，即抛型隐形眼镜并不追求极致的加工精度与材料的耐久性。例如，虽然过薄的软性镜片非常容易破损，但若是即抛型镜片，那厚度方面就尽可以做到最薄程度。此外，从生产商的设计理念出发，即抛型镜片也不需要清洗，只要常换新的戴就能保持眼部健康。

作为使用者，即抛型镜片比起以往的产品，让人感觉更干净、更安全，甚至对眼部健康也十分有利。而且，万一镜片丢了也有备用的，因此完全不必担心。像软性镜片容易在取出时破损，还有硬性镜片可能会损坏的风险，这些问题统统可以忽略。此外，即使镜片不太合适，调整的费用负担也比较轻。维护方面，即抛型也不再需要面对传统镜片清洗后再保存的麻烦。

如果每日使用即抛型安视优隐形眼镜，年均花费约为5万～6

---

[1] 安视优的含水率比之前的软性镜片高，因此其透氧性也更好。另外，因为镜片与一般产品比要更薄，安视优也能缓解戴软性镜片时容易出现的眼部干涩问题。

万日元，虽然这看起来并不便宜，但是因为其独具的魅力，还是广泛地赢得了使用者的青睐。

即抛型镜片的生产工艺

或许有人认为，既然即抛型隐形眼镜这么有魅力，那些之前的生产商早点开发不就可以了。像国外的品牌博士伦（Baush & Lomb）和视康（Ciba Vision），日本国内的品牌目立康（Menicon）和实瞳（SEED），这些厂商早就占据了大部分市场份额，也都有一定的开发能力。那么，为什么这些既存的品牌会被后发制人的强生公司超越呢？

实际上，这中间存在的并不仅仅是转换理念的问题。在强生公司实现即抛型镜片生产的背后，还有关于制作工艺的创新。

在实现即抛型镜片的生产过程中，通过大量生产带来的成本降低是必不可少的。当时，最有力的生产工艺是上下两层夹住中间镜片的铸造模式。这种方法虽然成本低、适合大量生产，但是其加工精度比较粗糙，只能以毫米为单位进行加工。对于追求高品质、高耐久性隐形眼镜的生产商来说，这并不是什么很有意义的技术。

但是，强生公司则一直关注着适合大量生产的生产模式。1984年，当强生听到丹麦的一家公司研发了新的制造技术后，第二天就赶赴当地签订了技术使用合同，将其应用到自己的产品制造中。这可以说是探索力量的馈赠了。

如此一来，就诞生了强生公司的稳定软塑模（Stabilized Soft Molding）生产工艺。其特点在于，为了防止膨胀，材料在沾水的状态下完成整个生产流程。

这种工艺实现了成本的大幅下降。1991年，安视优开始在日本发售。当时一般软性镜片的价格是1枚15000日元；与此相对，连续使用1周安视优只需要650日元。强生公司认为，如果没有这样的价格差，将很难开拓即抛型隐形眼镜的市场。

对于泡在过去的设计理念中的生产厂商来说，就算他们知道了这项技术也不一定会灵活使用。虽然在沾水的状态下稳定成形是一项划时代的技术，但是对于追求亚微米级别镜片的生产商来说，只有能够以亚微米为单位进行加工的技术才有意义。因此，即便这些公司萌发了即抛型的理念，也有人认为它会对公司的既存产品产生威胁，敬而远之。

在这一点上，本来就经营即抛型医疗用具的强生公司，可以说是非常精通这种商业模式。即抛型产品有其独特的宗旨，使用过一次后，若是体验良好就会反复购买使用。如此，就可以培养出消费者购买的习惯性与持续性，即便产品寿命比较短，只要这种购买关系能够持续，生产利润就能得到延伸。正因如此，强生才通过大量生产、减少成本的方式，不断推进即抛型产品的生产。

即抛型商业模式对于既存的生产厂商来说，属于逆流而上的模式。但是对于当事人强生公司来说，这不过是公司内部一般的生产模式，可能只是一件再平常不过的事情罢了。我认为，强生公司在隐形眼镜业务方面虽然后发制人，但是它能够根据自己固有的多业务领域经验，萌发出与业界主流思考方式完全不同的设计理念，最终凭借自由的联想成就了自己的事业。

横向展开模仿的注意事项

从以上的事例中我们可以看到，在模仿公司内部的商业模式时，存在许多优势。其中之一，就是经营脉络上拥有许多类似点。最基本的，由于公司业务本身就呈多角形铺开，对于自己公司来说，就可能存在许多相关联的事业项目。因此，我们多多少少都可以灵活运用公司的知识与技术。

对于强生公司来说，自己的立身之本是什么产业，搞清楚这一点非常重要。立身之本，与一家企业的自我认同密切相关，同时也有可能就此引导出公司自然态势下的产业。对于既存的隐形眼镜生产商来说，即抛型商业模式是前所未有的，因此这项创新才显得特别引人注目。然而，对于跨界的强生公司来说，这不过是以自然而然的方式将惯用的模式带入到隐形眼镜产业之中；从这一点上来说，等于"从遥远的世界进行模仿"。或者说，这也是一种能够催生出破坏性的创新。

在公司内部进行模仿的另一项好处，就是我们比较容易能够获得相关信息。有时候，即便发现了有效的商业模式，但由于是对其他公司进行模仿，关键的信息并不容易掌握。或者，有时眼看马上就能到手，却偏偏错过时机晚了一步。为了推进合作业务，有时我们也会从模仿对象的公司中挖掘人才，这样虽然能够进一步掌握相关信息，却要花费一定成本。然而，若是公司内部的"模仿对象"，我们就不需要担心这些。

当然，也不是说只要是公司内部的就万事大吉。对于内部的模仿类型来说，总有一些固有的困难存在。其一，就是人的感情因素。

我们常常能够看见，部门之间相互竞争，或者责任人同事之间互相抱有过度的竞争观念。"绝对不可以输给××，向着××前进!"若是抱有这样积极向上的心态也就罢了，有时候人们总会陷入一些判断的误区，"就是不想模仿××"，"我们跟××可不一样，没什么参考价值"。

即便听到公司内部或者过去的成功经验，也总有人会认为"这能模仿吗?"特别是在一些成功人士之间相互竞争的情况下，就更容易出现这种倾向。若是前辈的经验或许还比较容易接受，一旦对象转换为对手关系的话，那就很难听进去了。

想要缓和这种心理上的抗拒感，这里倒有一个方法：把成功经验和公司内部公认的"模仿对象"结合在一起，特意将"模仿对象"抽象后再展示给众人。在实际应用中，就有一位干部说，"比如，即便是公司自己的经营模式，我也告诉大家，这是从丰田公司提炼出来的"。

或者，还有一种故意隐藏，引诱大家去"盗取"的方法。比如说，其他公司经营企划部的职员来到公司后，故意不告诉大家成功的事例。只要在这种信息上建立一面屏障，希望模仿的一方，自然会特别在意成功的原因，自己进行探寻。这样一来，可以说是主动"盗取"信息的行为了。

自我否定

有时，自己本身也会成为一个反面教材。

冷静地观察自己是一件很难的事情。但是，若能够客观地看待自己的情况，就有可能进行冷静的自我分析。通过找到自己的界限，将其作为一种模式并站在它的对立面，我们就可以把它当作反面教材。

这就是自我否定型的模仿方式。我们所说的自我否定，指的是感知到既存事业的界限，从与之前想法截然相反的方向，重新描绘出参照类型的方法。

否定自己的事业，这种情况经常发生在既存结构已经不合时宜的时候。多数情况下，这种不合时宜是由于市场环境、竞争环境、技术环境的变化引发的。一般说来，既存结构的完成度和成熟度越高，过去的业绩越好，那么认识到结构的缺陷就越迟。

不过，若是对行业知识与自己事业的认知有十足的把握，有时只要能下定决心进行大胆的自我否定，就能摹绘出有效的参考模式。

美国职业棒球大联盟（Major League）中的奥克兰运动家队（Oakland Athletics），就是通过自我否定的方式，建立起了一种新的球队运营结构。

奥克兰运动家队

奥克兰运动家队，是一支主场位于加利福尼亚州奥克兰市的著名球队。球队创建于 1893 年，主场转移至奥克兰则是在 1968

年。此后，球队创下了辉煌的战绩：美国职业棒球锦标赛（World Series）三连冠（1972—1974）、美国联盟冠军赛（American League）三连冠（1988—1990，其中，1989年还获美国职业棒球锦标赛冠军）。

但是，随着1995年球队老板的去世，一直以来充足的资金链戛然而止，球队情况也不容乐观。职棒大联盟于1976年引入了自由球员制度（Free Agent），因此选手的年薪飞涨，运动家队为资金问题烦恼不已。至20世纪90年代后，球队的战绩逐渐低迷。

选手的年薪，通常与他的成绩直接挂钩。没钱的球队很难继续雇用一流的选手。在毫无选择之下，球队只能放选手离开，其结果只能是球队实力的弱化，对手力量的增强。

当然，随着球队实力的弱化，在体育场观看比赛的观众就会减少，电视台的比赛放映权收入与周边商品销售收入也在降低。伴随着财务情况的恶化，球队也越来越难签下理想的选手。

运动家队并不像纽约洋基队那样资金充裕。因此，如何切断这种没钱的球队陷入越来越弱的恶性循环，就显得更加迫在眉睫。

这时带领球队突破困局的，正是就任球队经理的比利·比恩（Billy Beane）。他所做的改革，一言以蔽之，就是把球队从"积贫积弱"的情况中拯救出来。也就是说，思考如何能够实现"低价的胜利"，并将其运用到实际操作中。只要能够以较低的价格实现胜利，那么地区优胜、联盟优胜就指日可待，球队收入也会水涨船高。

事实上，根据比恩的改革，球队把1场比赛胜利的成本控制到

50 万美元之内（2000—2001 年）。[①] 而有些效率比较低的球队，则可能花费 300 万美元。

那么，他到底是怎样实现低价的胜利呢？

首先，比恩重新制订选手的评价标准，并重新发掘之前被低估的选手。在此之前，评价一名选手的能力，主要看他的跑步能力、肩部承受力、守备能力、打击力和长打力，这已经成为业界常识。然而比恩却不认为这五项指标就是绝对标准。

之所以这样说，是因为比恩自己就是在高中毕业后、作为这五项指标都非常优秀的人才而被发掘，但实际进入大联盟后却没能有突出的表现。比恩切身体会到，即便身为原大联盟的选手，这五项指标有时候根本指望不上。

最初，比恩希望能够进入斯坦福大学求学，然而为了高额的契约金，他放弃了求学的梦想，结果一直为此而后悔。比恩从心底感到，凭借着错误的指标被球队发掘，对球队甚至本人来说，都是一种不幸。

因此，比恩特别选定了一些从统计数据中获取的、有助于得分的指标。统计需要依靠过去的数据量说话，因此对于比赛次数少的

---

① 关于比利·比恩的改革，刘易斯（Michael Lewis）（2006）曾经在著书中详细描绘了他的成功故事；由于其包含新选手评价轴在内的改革措施被其他球队模仿学习，其中的优势性已经在逐步降低。促进模仿的原因之一是相关书籍（*Moneyball: The Art of Winning an Unfair Game* 原版出版于 2003 年）的出版，但是比利·比恩身边的工作人员开始到其他球队担任经理，也是其他球队模仿成功的重要原因。

关于这一点，Hanks and Sauer（2006）也曾经证实。根据调查，从 2004 年开始，上垒率高的选手年薪也在逐渐增加，这显示出运动家队的优势性正在降低。2004 年 *Moneyball* 出版，之后比利·比恩的身边人员开始转会到其他球队。Hanks and Sauer（2006）推论，这也是运动家队的知识财富向其他球队的转移。

高中选手来说，数据就没有信服力；比恩重视那些比赛次数多、对战经验丰富的大学生选手。

从数据分析中，比恩认为上垒率才是得分与否的重要指标，而不是此前备受关注的五种能力。提到上垒率，大家可能会想到打击率，但实际上两者之间存在很大的差异。从传统的棒球观念来说，四坏球（Four balls）百分百是投手的责任，即便上垒也跟击球手的评价没什么关系。但是，比恩认为，击球手只有能够控制好球区（Strike zone）才能上垒。归根到底，天生的选球眼力才是得分的关键。

关于选手的前途，比恩认为也不应该给他们过高的评价。相比大学毕业的选手，高中毕业、在选拔赛中被提拔的投手，从小队伍走到大联盟的合格率只有不到50%。和大学毕业的守场员相比，概率则低到25%以下。因此，高中毕业的投手风险很高。

在投球姿势上，比恩认为"不可能改变选手的习惯""只能寄希望于选手自然的姿势"，比恩十分重视数据显示的实战业绩。

与此相对，那些伤员或是年龄较大的选手，只要他们的数据结果不错，无论他们表面上有多平庸，比恩也毫不犹豫地签下他们。这样，以资金不足为幌子，球队以低价获得了谁也不会留意的"怪人"，并成功提高了比赛成绩。

这些选手在老牌顾问看来，都是"太矮""太瘦""太胖""太慢"的人。但是在运动家队，这些选手表现抢眼，球队实力大幅提升。一旦选手评价变好，比恩就会以高价把他们卖给其他球队，之后再以这部分资金进一步强化球队实力。

自我否定模仿的注意事项

重视过去的统计数据，这种方法是比恩从他的前任经理桑迪·奥尔德森（Sandy Alderson）那里继承来的。奥尔德森是学识丰富的律师，虽然他对棒球几乎一无所知，但是他好奇心旺盛，用科学的手法分析棒球，并将赛伯计量学（sabermetrics）引入了棒球的世界。[①]

虽然奥尔德森非常聪明，但是却并不适应大联盟世界的规则。因此，尽管他想更新此前对选手的评价方法和比赛战术，却没人理会。大联盟的队伍是神圣的，就算是球队经理，如果不具备在大联盟中的丰富经验，也没有资格对球队教练的配置问题发表意见。

作为旁观者，常常能够发现当事人容易忽略的问题，但是却没有能力纠正。

不过，继奥尔德森之后被指定的经理比恩，本来就是大联盟中的球员。即便就任经理一职，他也能够进行不逊于任何选手的训练，在衣帽间徘徊一会儿就能做出直接指示，可以说是一位独一无二的经理人。而且，与棒球界其他人士不同，比恩曾经读完了提倡赛伯计量学的比尔·詹姆斯（Bill James）的 12 本书。

越是接近内部中心的人物，如果他能自我留意、主动行动，那么他进行自我否定模仿的概率也就越高。

问题在于，应该怎样才能做到"自我留意"呢？很多情况下，

---

① 恰好此时，关于用科学的数据方法分析棒球的思考也在一部分的粉丝中成为热门话题。比尔·詹姆斯虽然身在棒球界外部，但是却为棒球的得分做出巨大贡献，他曾经自费出版《棒球抄》一书，用赛伯计量学的方法将职棒大联盟的发展推向一个新阶段。读过比尔·詹姆斯所有著作的奥尔德森，曾经尝试刷新之前的选手评价方法与比赛战术。

当事人虽然站在自我修正的立场，但是却看不见自己的问题。我们是不是能够抛弃多年所学，客观地观察自己呢？用专业术语来说，这叫作 Unlearning，比起从无知的状态开始学习要更加困难。当时，奥尔德森看到比恩的样子，曾经这样说过："比恩抛弃了从选手时代被灌输的已有概念，一步步适应走到今天。若是有人拥有像他这样的经历，即便他可能反驳说'我做球员的时候可没那么做'，那也一点都不奇怪……"

之所以能够获得成功，或许也是因为比恩自己就是一名传统的牺牲者吧。他也许认为，一直以来学到的，都是作为棒球选手的错误知识。正因为比恩自己也误解过作为球员应当具备的素养，所以才会敢于怀疑大联盟中的理所当然，并对其进行否定。

若想在自我否定的模仿中获得成功，就必须直面自己的失败。无论镜子中自己样子有多难看，若是无法直视他，就连找到否定的模式都不可能。

回溯过去

基本说来，我们总是在记忆中思索同时代的新型模式，但实际上从过去也能有所发现。[①] 正如历史也是循环往复的那样，有时候回归原型也很有效。

在久远的过去中，同行业的其他公司里，或许就存在着优秀的范本，也可能只有反面教材。特别是在面临几十年一遇的特大危机

---

① 这种类型我们称之为原型回归。

之时，那些商业奠基者的事迹，往往会有重要的参考价值。

　　模仿研究的领头人石家安（Oded Shenkar）教授认为我们应该关注过去的事情。

　　我们应该把目光放得长远，不仅仅关注自己一片领地的事情，更要在地理上把视野拓宽。探索对象，既要看看那些不起眼的小企业，也要看那些失败的企业。我希望，大家能够从过去的事情中进行学习，而不仅是眼下发生的一切。

分析

第9章 设计——需要整合的四要素

寓言故事中经常出现这样的情节：好的行为会带来成功，坏的行为只会带来失败。这种故事总是描绘得非常夸张，所以小孩子一下子就得到了"好的模仿对象"和"坏的模仿对象"的印象。比如说，在蚂蚁和蟋蟀的故事中，夏天一直在工作的蚂蚁，和唱着歌、玩游戏的蟋蟀就形成了鲜明的对比。到了冬天，因为没有储存食物，蟋蟀就愁得不知如何是好。这样孩子们就会觉得，自己应该勤勉地劳动才行。我们大人也从这里学到了储蓄的重要性。

在商业领域中也是这样。当我们看到优秀的经营结构时，就会想"我们也这么做怎么样"。相反，看到失败的经营结构时，就会想"可不能变成它那样"。

但是，比较重要的一点是，我们能够从中学到什么呢？如果仅是简单地想到"那个样子"，并不会有什么进展。我们必须明确，从这个模仿对象中要学习"什么"。在事业的经营结构中，所谓的"那个样子"，到底指的是从哪里到哪里，我们必须思考清楚。

高收益的秘密

每个时代，都存在一些我们想要模仿的高收益企业。它们之中，有些是我们在报纸和杂志上经常见到的著名企业，有些则是我们不太熟悉的缝隙型顶尖（Niche top）企业。

从竞争战略理论来说，至少有两种对其进行解释说明的方法。

其一，我们一般认为这类企业"拥有稀缺的资质与能力"。实际上，拥有别人难以模仿的独家技术、压倒性的销售渠道和卓越的品牌，这样的企业利润率就比较高。通过占有其他公司难以获得的、较高的资源生产力，企业能构建起其市场优势，提高公司的收益。我们称这类解释说明的方法为资源基础型（Resource base）的思考方式。[①]

以丰田为例，正因为其拥有"Just in Time"生产体系，以及为其提供保障的供应商网络（Supplier network），公司才获得了较高收益。7-11 也是同样，正是由于其掌握了市场动向的信息系统，拥有灵活的备货和商品研发能力，才能成为今天便利店行业的领军企业。

其二，我们关注到，高收益企业一般会选择容易提高收益的商业类型。无论自己拥有多么优秀的资源，如果竞争对手蜂拥而上，那也很难盈利。比起在充满血腥竞争的行业内磨炼能力，倒不如转移到竞争没有那么激烈的行业发展。从这样的思考出发来说明企业收益性的方式，我们称之为市场定位基础型（Positioning base）的

---

① 关于资源基础的思考以及相关分析手法，可以详见巴尼的著述。巴尼（Jay B. Barney）教授虽然提倡作为分析经营资源手法的 VIRO 分析法，但是他也提倡一种更加详细的评价手法（比如说 Black and Boal，1994）。

战略论。①

　　还是以丰田为例，汽车行业本身就是收益潜在性比较高的行业，与产品通用化显著的电机行业相比，在产品设计与品牌等方面，顾客一般会为汽车产品支付比较多的金钱。② 而 7-11 方面，由于相比其他品牌率先在日本全国主要城市铺开了店面，即便竞争再激烈，它也能保证自家生意顺利展开。

　　截至 20 世纪 70 年代，无论是实务领域还是学界专家，都认为市场规模越大、成长性越高，企业的收益潜在性也就越高。但是，如果企业规模虽小却能赢得独家胜利，那利润率也同样不错。此外，在处于衰退期的产业中，如果竞争对手逐渐撤出的话，结果就和独家胜利的情况一样，企业作为坚守到最后的一方就能获得较高利益。以便携式收音机为例，这种在技术上已经相当成熟的产品，只要竞争者一家接一家地撤出，那么最后剩下的企业自然会获得高收益。

　　因此，左右企业利润率的实际上是竞争的激烈程度。

　　在美国学界，学者们就资源基础和市场定位基础这两种思考方

---

① 业界中关于市场定位的思考以及相关分析手法，可以参照波特（《竞争战略》，1999）的著述。这本书是波特（Michael E. Porter）教授的论文集，其中详细介绍了 Activity Systems（活动体系）。此外，青岛矢一、加藤俊彦共著有《竞争战略论》（2003），书中通俗易懂地介绍了包含市场定位和资源基础在内的经营战略论的系谱。除此之外，沼上干（2009）也著有《经营战略的思考法》一书，进一步考察了其中的"思考方式"与"前提"。

② 延冈健太郎在《创造价值的经营理论》（日本经济新闻出版社，2011）一书中，将关于设计性和品牌的价值称为"意味性价值"，并认为它不同于"机能性价值"。延冈认为，日本的企业虽然擅长制作东西，但说不上善于创造价值。这也是近 20 年时间，日本企业的利润率不断下滑的原因之一。在书中，他还讨论了日本企业通过引以为豪的"配合技术"与"积累技术"进行意味性价值创造的方法。

式，哪一种说服力更高一直存有争论。不过，冷静下来想想看，只有拥有较强的能力，才能维持有利的市场定位；只有占据有利的市场定位，才能不断磨炼自己的能力。从这个角度来说，资源与定位，是表里合一、相互强化相互作用的关系。

商业模式分析的框架——P-VAR

为了把大家所说的"那个样子"具体化，我们必须明确模仿对象的战略市场定位和关键性资源。并且，我们还需要关注他们从关键资源中创造价值的方法和其价值的内容。

只有经过这样的探讨，我们才能在他们事业的结构中找到提高收益的方法。这些企业是怎样创造价值，创造活动又是怎样支撑关键资源（Resource）的，通过这样的方法，我们才能整理出这些信息。

在以上讨论的基础上，我想给大家提示一个框架，它能够帮助我们确定在模仿对象公司时应该注意哪些要素。首先，商业模式的要素应该关注到以下几个方面再进行敲定。

· 市场定位的做法
· 能够提供的顾客价值
· 费用的结构
· 主要业务的活动
· 关键性经营资源

把这些构成要素从上至下地排列清楚，我们就能做出一个统合分析的框架，把市场定位战略理论、资源基础战略理论和与实际操作相关的理论结合起来。正如图 9-1 所示，在最上面显示的应该是市场定位，而提供价值的结构画出来应该是像金字塔一样的形状。

这种结构的金字塔由三层组成。最上层是为顾客提供价值提案（Value proposition）的层次，它为特定的顾客分区提供有针对性的诉求提案。下一层是为提供价值而做的活动体系（Activity systems），也就是作为业务活动的实际操作（业务活动，可以分为作为投资活动的"成长动力"，和作为回收活动的"收益动力"）。最下面的一层是支援活动的经营资源（Resources）。资源越丰富，金字塔根基也就越稳固。通过确定以下这些特定的要素，我们就能理解某种价值是怎样由企业提供给市场的。取这四种要素的首写字母，我们把它命名为"P-VAR"框架。

图 9-1　P-VAR 框架

大和运输的宅急便事业分析

使用 P-VAR 的框架，我们就能分析出模仿对象的经营结构，也能描绘出自己事业的蓝图。通过分析现存事业结构与对象之间的差异，我们也能检讨自己与其存在多大程度上的差距。

下面，我们用具体的事例进行说明。大和运输的宅急便业务，是对吉野家、UPS、日航旅行社等多个对象模仿的结果。通常来说，取多家企业长处、最后却陷入失败的例子并不少见，但是大和运输完美地将它们融入自己的事业整体，重新整合出一套完善的经营结构。

作为事业的整体，大和运输是如何将它们整合在一起的呢？为了确认这一点，我们用 P-VAR 框架来整理一下。宅急便开始盈利是在 1981 年，我们就把时间回溯到这一年进行分析。

市场定位——Position

首先，我们来看看市场的定位问题。小仓昌男认为，在宅急便实现以前，货物运输市场大致分为两种。一种是商业货物的运输市场，它占据了物流整体的大部分。这种市场已经呈现明显化趋势，其特性在于：在大致固定时间，按一定的路径运输一定量的货物。

还有一种，是成长于个人生活中的运输市场，它还没有明显形成气候。公司虽然提供搬家时整车包租的运输服务，但是小件运输还是邮局一个人的舞台。即便存在需求，当时人们并不认为它可以作为一项业务发展壮大起来。

大和运输，虽然主要活跃于第一种商业货物的运输市场中，但是却越来越难以为继。战后，由于在长途运输中落后于其他公司，大和运输不得不依赖于大宗货物的运输经营，但是利润率一直无法提高。在与百货商店的合作中，公司也一直被要求降低配送费，可以说在第一种商业货物的市场中，大和已经失去了立足之地。

这时公司瞄准了面向普通人的第二种市场——到家配送市场。

说到业务转型，我脑海中浮现出了第二市场，也就是面向个人的货物到家配送。我觉得，大和运输凭着跟百货商店合作的经验，或许能在这块市场开辟天地。

大致估算一下，当时邮政小包和国铁小包的操作量大概是一年25000万件。假如以1件小包500日元的配送费用承包到家业务，那一年就会有1250亿日元的市场，对大和运输来说，这样就可以大展身手。

如此，在做好市场定位后，大和运输开始着手发展到家配送业务。

在这里特别想强调的一点是，大和运输在顺利发展新业务的同时，也更加明确了自己的市场定位。通过效仿吉野家的专注做牛肉饭策略，大和运输也开始专注做面向不特定、多数用户的到家配送业务。在此基础上，大和甚至不惜与长年合作的百货商店和电器生产商解约，只为实现自己业态焦点化的经营模式。

提案价值——Value Proposition

当时，面向一般个人的到家配送还是一项新型业务。此前关于商业运输的常识，在这里几乎都不适用。

于是，小仓昌男站在一般用户的立场，开始怀疑起业界的"理所当然"。

本来，寄货就是一项很麻烦的作业。不仅需要结实地捆绑包裹，还要用绳子全程系住，在适当的地方贴上邮寄单。即便如此，还会有人指出，去邮局发件总是有不太方便的地方。

另外，与业内人士不同，普通人对行情或者说价格缺乏直观认知。也就是说，多远的距离大约需要花费多少费用，普通人对此没有直观概念。对日本的地理情况也是，很多人并不太清楚日本概况，到底距离是多少，也没什么概念。

因此，公司做出的提案价值就必须浅显易懂。配送费若是均一价就很好，服务内容也是，原则上设定为次日送达，这样比较容易理解。

经过这样的思考，在参考日航旅行社的基础上，大和运输开始进行服务商品化操作。这项一条龙服务，就是宅急便。实际上，从发音来说，"TAKKYUBIN"也很有节奏感，公司认为这更能培养与顾客的亲近感。为了避免麻烦的重量计算，公司对每件包裹都做出限定。一件包裹，纵横长度合计不得超过 1 米，重量需在 10 公斤以内。这些限定条件不仅对顾客来说通俗易懂，也使操作简便易行，从而削减了公司的事务经费。

业务开展范围以在日本全国铺开为目标，当下则以靠近太平洋一侧为中心，从市辖区地域内逐渐展开。作为这项业务的"卖点"，为了吸引普通用户，与邮局小包竞争市场，公司打出了次日送达的口号。当时，邮政小包的运输时间一般是 4 日至 5 日；因此，若能实现次日送达，反响肯定不错。

费用方面，公司决定采用普通用户也很容易理解的计价标准。当时的运费，一般是根据距离和重量进行调整。这种计算过程比较繁杂，必须根据每件包裹的情况逐一计价。但是，对于用户来说，每一次费用都不同，大家也觉得很麻烦。因此，大和运输制定了通俗易懂的计价标准：同一区域内 500 日元，距离上每加一段路程追加 100 日元。

打包方面，也一切从简。放进纸箱里也可以，或者用纸袋捆绑结实也没问题。如果需要加强包装的话，公司规定，那也由大和运输的工作人员来完成。

关键性活动与资源——Key Activities & Key Resources

通过以上的一条龙服务，按理说宅急便应该很快就会成为一件别具魅力的商品。

不过，想要实现"次日送达"和"通俗易懂的计价标准"，却并不容易。在其背后，必须存在能够提供这些价值的种种操作。这就是关键性的活动，或者说是一种活动体系。

想要发展宅急便业务，公司必须配备一个收发配送的网络体系。一言以蔽之，就是我们之前提到过的轴辐式（Hub & Spoke）运输网络。轴辐式运输网络，经常成为航空运输事业中的热门词汇，它指的是从像汽车车轮那样的中轴据点（Hub）开始、以放射状的配送网（Spoke）形式逐渐扩散的运输网络。也就是说，把散落在某个区域内的包裹，集中到被称为中枢（Hub）的地方分门别类，之后再逐一运送到其他的中枢；到达之后，由当地中枢按轮辐的形状分别配送到目的地。

在面向个人的宅急送业务中，要求各都道府县至少有一个能成为中枢的据点。在大和运输内部，工作人员称呼中枢为基地（Base）。而在大和运输的配送体系中，每个基地都延伸出20个左右的配送网，每个配送网前面还有一家集散中心。集散中心再往前，还有仓库和接待店面。这样，在开始宅急便业务的1976年，公司已经配备了45个基地和900多家集散中心。

只要完善了这样的配送体系，次日送达就可实现。白天，从代理店和个人住宅揽件后，傍晚把包裹集中到基地。在那里，包裹被分装进卡车，晚上9时出发，次日上午9时就可以运送到其他地区的基地。按照目的地的不同，包裹会被运送到不同的集散中心。之后，从各中心出发，会有被称为销售送货员（Sales driver）的配送司机给各个家庭送去包裹。

收入的流向和成本构造

实现次日送达的这套轴辐式运输网络，实际上是一种成本消耗比较大的网络体系。想要构筑这样一套网络，首先需要较大的投资，其次在维护网络方面成本也不低。

所幸一点，与面向百货商店的配送相比，由于季节性变动较少，企业可以不必持有那些多余的设备。在中元节和年末等繁忙期，面向百货商店的配送量会达到平时的 10 倍以上。为了迎合繁忙期，就需要加大对人力和设备的投资，这样闲置资源的比例就会增高。与此相比，面向个人的宅急送业务，即便是在繁忙期，可预计其变动量也不过是平常的 2 倍左右。

当然，随着包裹流量的增加，如果不能产生利润就无法持续提供服务。因此，想要实现这项只有大和运输才能完成的次日送达业务，公司必须大量揽件、产生利润，才能维持业务的顺利开展。

如果放弃次日送达，就无法实现大量揽件。而且，就算放弃次日送达，公司还要维持同样的配送网络，仍需花费同样的固定费用和人力费。与其如此，还不如在暂时保存包裹的空间费用上多支付点成本。因此，在次日送达这种高速运转的运输服务中，尽可能多地揽件是盈利的法宝。

这就是宅急便基本的收益原理。

不可否认，需要多少的包裹流量才能产生利润，这也要看每件包裹的寄件费用。所幸，宅急便业务可以比普通的业务收费贵一些。一般百货商店面向普通家庭的配送服务，不过是一项附加项目而已，运送 3000 日元左右的商品，最多也就支付 150 日元的配送费。

但是，宅急便自身就是一项具有价值的服务，因此可以按 500 日元的标准收费。

而且，这部分费用还可以用作企业的周转资金。商业货物运输一般是月末支付，大宗运输客户则多用票据支付。然而，面向个人的到家配送，都是当场现金支付。这样，日收入逐渐累积，公司在资金周转上也不用大费脑筋。

四要素的整合性

把以上几点简洁地整理一下，我们可以得到表9-1。

如表所示，当把四要素整合实现一体化后就会产生价值，而这才实现了大和运输与其他公司在结构层面上的差异。以优秀的模仿对象为基础发展壮大，将各要素完美结合，这才是伟大的经营模式的特征。

表9-1 大和运输宅急便业务的 P-VAR 分析（1980 年）

P	顾客	不特定的多数个人用户
	竞争	无(非要说的话，就是邮局)
V	提案价值	速度(次日送达)、通俗易懂的计价标准(无地域差别均一价)
A	关键性活动	紧密协作的运输业务(在代理店揽件、夜间配送)
	成长动力	增加包裹流量密度、产生利润(服务优先利润置后)
	收益动力	小件包裹运费高(虽然花费成本但利润是可预见的)
R	关键性资源	轴辐式运输网络(基地、集散中心和代理店)，训练有素的销售送货员

第 10 章 推论——推导假说的比较分析法

当我们知道要模仿"谁的""什么"之后，就会开始设计自己的商业模式，这时我们需要建立假说进行推论。此时，能够推论出一种具有说服力的、具有实践价值的假说非常重要。

在这里，我想给大家介绍两种推导假说时比较有用的分析法。这两种方法都是为了抽离出关于基本构造的假说而实施的比较分析法，一种是"一致法"，一种是"差异法"。

20 世纪 80 年代，在企业经营的领域中曾有一个词语——"最佳企业（Excellent company）"非常流行。咨询管理公司麦肯锡（McKinsey & Company）曾经对全美 43 家高收益企业进行调查，得出了一项"超优良企业的条件"，其同名书在世界范围内非常畅销。

看起来，那些优良企业都具备的共通条件有：（1）重视行动；（2）贴近顾客；（3）重视自主性与企业家精神；（4）在考虑人性的基础上提高生产率；（5）基于价值观进行实践；（6）贴近机轴；（7）单纯的组织和小型总部；（8）严格而宽容的管理体制。

这些都是被人反复念叨的东西，也有很多商业人士确信，只要具备了这些条件，公司就能作为优秀企业一直维持下去。也就是说，有很多人都接受了"只要满足这8个条件，企业就能成功"的假说。

但是，被提名为"最佳企业"的公司，有很多之后的业绩却逐渐恶化。只要满足这8个条件，就能一直稳做最佳企业，不过是美好的幻想罢了。

冷静地思考一下就能明白，关于"最佳企业"的调查方法中存在几点问题。首先，我们来回顾一下评选最佳企业条件的顺序。

1.列出实现高业绩企业的名单

2.寻找高业绩企业所具备的特质

3.只要具备共通的特质和条件，就可以认为是高业绩企业

看起来这顺序似乎没什么问题，但是如果对它所推导出来的结论囫囵吞枣，却很有可能陷入危险的境地。为什么这么说呢，因为这个推论并不一定就筛选出了所有和高业绩有关的要素。所以，"虽然具备了这些特质，却没能维持高业绩"，就算发生了这样的事情也并不奇怪。

从优秀企业的调查顺序中推导出的结论，不过是"必要条件"罢了。所谓的必要条件，指的是"为了促使某件事成立的必要的条件"。因此即便一家公司具备了成为优秀企业的必要条件，也并不能说它就一定会成为最佳企业（表10-1）。

表 10-1　必要条件与充分条件的主要类型

	条件	业绩	条件 A 的属性
1	A	高业绩	A 是充分必要条件
2	A 和 B	高业绩	A 是必要条件，非充分条件
3	A 或 B	高业绩	A 是充分条件，非必要条件

田村（2006）

必要条件与充分条件

假如满足条件 A，就一定能带来高业绩，那么可以说，条件 A 是高业绩的必要充分条件。但是，如果满足条件 A 的同时不能满足条件 B，业绩也无法提升的话，那么 A 是必要条件而非充分条件。也就是说，这里并不能充分说明 A 或 B 究竟谁能够带来高业绩。

相反，只要满足条件 A 或条件 B，就能获得高收益，那么条件 A 和条件 B 同时都是充分条件。但是，因为 A 和 B 都不是必要的，所以它们都不是必要条件。

在关于优秀企业的调查中，即便发现获得高业绩的企业都具备共通条件 A，也不一定就说明它是充分条件。假设还存在其他条件 B，那么也很有可能出现一种情况：如果不具备条件 B 就不能获得高业绩。

当然，仅仅通过了解"必要条件"，我们也能获得一些对自己的商业模式有效的灵感。但是，如果想要充分地论述其中的因果机制，我们还需要进一步的调查。

在调查最佳企业的例子中，其最后推导出的 8 个条件里，并不包含"经营资源"和"业界竞争的激烈程度"这两项重要的因素。为了推导出优秀企业的必备条件，我们难道不应该从这 8 个条件出发、提出假说，通过追加调查再提高它的准确性吗？

其中一个方法，就是按照此前的顺序倒过来做。如果具备这8个条件就能成功，那我们首先就要找出满足这8个条件的企业，看看它们的业绩究竟怎么样。

1. 列出同样具备这8个条件的企业名单。
2. 调查具备这些特质的企业是否都获得了成功。
3. 如果成功的话，可以认为这8个条件是成功的充分条件。

从颠倒的顺序中，我们更容易清晰地看清楚这8个条件是不是充分条件。所谓的充分条件，是指"能够保证事件成立的条件"。假设只要满足8个条件就能获得高业绩，那它们就是充分条件。相反，如果满足了8个条件业绩仍旧不佳，那就证明还隐藏着其他一些决定成败的因素。因此，这8点还不足以成为确保结果的条件。

在这里，为了能够进行更加精确的推论，我们来梳理一下关于比较分析手法更深层次的理解。

一致法

一听到调查最佳企业的手法，可能很多人会想到我们比较熟悉的比较法。这也是进行比较时常用的手段之一，它是根据19世纪的哲学家兼经济学家约翰·斯图亚特·穆勒（John Stuart Mill）提出的"一致法"（Method of Agreement）逐渐演变而来的比较方法。

所谓一致法，指的是通过比较显示同一结果的多个事例，找出其中共通的因素，从而推导产生共同结果的原因。基本上，可以说这种方法比较适合用于提炼必要条件。

那么，采用一致法，我们再来看看优秀企业的条件。首先，我们把满足一定条件的企业作为成功事例，开始筛选例子。其次，根据我们现有的知识提炼出全部导向成功的因素。假设，我们想到了 A、B、C、D、E 共 5 个因素。之后，再开始寻找所有事例中共通的特性。

从结果来看，假设 5 个事例中共通的特性只有 1 点，如表 10-2 中 A 列所示。这时，可以推论只有 A 是成功的重要因素。其他的 B、C、D、E 因素的差异并不会影响最终结果。由于它们不会带来任何影响，我们也就不认为它们是成功的重要因素。

当然，这里并不保证只要满足 A 就一定能成功。

表 10-2　根据一致法推导(例)

| | 候补原因 | | | | | 结果 |
	A	B	C	D	E	企业的成果
事例 1	○	×	×	×	×	○成功
事例 2	○	○	×	×	×	○成功
事例 3	○	×	○	×	×	○成功
事例 4	○	×	×	○	×	○成功
事例 5	○	×	×	×	○	○成功

差异法

哲学家穆勒基于逆向思维，又提出了一个名为"差异法"的比较方法。与通过比较相同结果的多个事例的一致法相对，差异法是比较不同结果的多个事例的方法。

这也是一种从少数事例进行推论的方法。运用差异法，通过比较不同结果的多个事例，如果其中存在不同的因素，那么可以推论其将导致不同的结果。甚至可以说，哪怕只有两项事例也能够进行有效的推论。只不过，这两项事例除了一个要素以外，其他所有要素都必须相同。这种方法比较适合用来明确"充分条件"，因为从意义上来说，只要满足了某个条件就一定可以获得成功。

接下来，运用差异法，我们来看看成功企业和失败企业的比较结果。在比较的时候，如表 10-3 所示，我们假设除了 A 要素以外，所有的要素都相同。这时，因为只有 A 要素不同，我们可以推论正是它导致了两家企业的业绩差异。这就是我们所说的差异法。

通过一致法、差异法的比较，虽然我们能够看到这样的对比效果，但是很遗憾，我们并不能断言 A 要素就是成功的唯一条件。之所以这样说，是因为从比较分析中想要导出确切的推论，我们必须满足以下所有的条件。

・在列举出所有原因的基础上进行分析。
・已经确认各要素之间不存在相互作用。
・已分析过所有的因果关系和类型。
・在使用一致法时，除了一个要素之外，其他要素都不相同。
・在使用差异法时，除了一个要素之外，其他要素都必须相同。

在实际调查中，想要满足以上全部条件是非常困难的。即便试图把产生成果的全部因素都归纳起来，也很可能会漏掉一些其他带来成功的因素。

此外，当某种因素与另一种因素相结合时，我们也很有可能会忽视这项组合。例如，在表 10-3 中，假设在满足 C 要素的同时也具备了 A 要素，就会带来成功，那么可以说"其中存在 A 与 C 的相互作用"。这时，仅有 A 是不可能获得成功的。

表 10-3　根据差异法的推论举例

	原因因素					结果
	A	B	C	D	E	企业的成果
事例 6	○	×	○	×	○	○成功
事例 7	×	×	○	×	○	× 失败

然而，除了变数非常少的一部分事例，大多数情况下，想要分析事例中全部的因果关系是不可能的。因此，通过一致法和差异法得到的结论也并不是绝对的。

我为什么要在这里介绍这些内容呢？那是因为在下一阶段调查环节中，由比较法所引导出的推论，可以作为"假说"产生有效的作用。

接下来，在实际的创新环节中，应该怎样应用这些比较法呢？我们以第 8 章中介绍过的廉价航空商业模式 LCC（西南航空和瑞安航空）为例，逐一展开分析。

廉价航空的分析比较

西南航空的商业模式，已经被多家航空公司所模仿。其中既有像瑞安航空这样成功的例子，也有像美国大陆航空公司（Continental Airlines）和美国联合航空公司（United Airlines）那样失败的例子。下面，我们来分析一下究竟是什么因素决定了模仿的成败。

首先，我们梳理一下西南航空的商业模式。乍看之下其实非常简单。

·P to P：采用非轴辐式的航路网络，选择连接两个空港的点对点形式的往返航线。在点对点模式下，乘客既不需要麻烦的换乘手续，也不需要在机场重新办理行李托运。

·统一机型：公司统一使用某一型号的飞机。这样，不仅可以节约飞行员培训的时间，飞机保养也更加便捷。通过重新制定薪资体系，也尽可能低地压缩了向飞行员和机械师支付的费用。

·利用次级空港：空港方面没有使用当地城市的主要空港，而是选择利用当地的次级空港。如果空港非常拥挤，在飞机进港和出港时就会花费更多的时间。为了能够在更短的时间内运送更多的旅客，有必要尽量避免这种损失。

·迅速折返：为了尽量延伸航空公司所持有的飞机的滞空时间，就必须将飞机在空港的折返时间控制到最小化。通过取消机内餐饮服务，规定乘务员和飞行员都要帮助进行机内清洁工作，公司以此增强了工作规则的灵活性。

·低成本操作：取消里程服务和提前选座服务，进一步削减成本。

那么，在实际操作中，只要满足这些条件就能获得成功吗？[①] 我们运用一致法来分析看看。

运用一致法比较廉价航空

有许多航空公司通过模仿西南航空都获得了成功。[②]

瑞安航空就是把西南航空的商业模式移植到欧洲后，取得了良好的效果。在欧洲提到连接都市间的航线，一般都是超越国境的线路。由于欧盟的一体化，坐飞机不再需要护照和签证，人口流动也愈加频繁。都市间的航线一般距离较短，因此城市的次级空港也比较多。由于欧洲跟美国的情况非常类似，所以可以说在移植经营模式上是比较容易的。

捷蓝航空（Jetblue Airways）是一家美国航空公司，它打出了"超值优惠"的旗号，企图和西南航空进行差别化经营。捷蓝航空在短时间内扩大了西南航空没有开通航线地区的路线网，追求高层次的价格与品质之间的平衡发展。虽然基本上捷蓝航空还是复制了西南航空的商业模式，但是它采用了真正的皮座椅，又在座席上安装有电视屏幕，提高了乘机的舒适度。另外，捷蓝航空也并非全部利用次级空港，有时也会灵活运用一些大型空港。比如，在纽约，捷蓝

---

① 本书中提到的 5 个要素，是为了让读者能够更加简明地了解分析过程，经简化后得到的。实际上，想要模仿廉价航空，需要进行更加精细的分析工作。

② 石家安（Oded Shenkar）在书中之所以介绍西南航空的模仿者们是有原因的。而波特（Michael E. Porter）教授主张，西南航空是通过建立了一种难以模仿的经营结构从而保持了竞争优势。但是，实际上在廉价航空的商业领域存在模仿的连锁反应，其中也包含不少成功事例。石家安注意到，实际情况与一般说法之间存在出入，因此他从"根据模仿的创新"的角度来阐述这个问题。

航空就使用肯尼迪机场（据点港口），这样国际线更方便换乘。

英国的易捷航空（easyJet Airline）是一家主要飞行欧洲航线的航空公司，与捷蓝航空相似，它主打的也是高品质兼顾便利性的组合服务。虽然易捷航空承认自己是模仿西南航空，但它也称"我们公司一方面降低成本，一方面也为用户提供高品质的商品与服务"。具体来说，主要是在次级空港之外，同时也利用主要空港以提高乘客乘机的便利性。除了次级空港，公司还灵活使用小型空港和大型空港。即便如此，易捷航空的实际上座密度和利用率等指标还是超越了西南航空。

亚洲航空则把瑞安航空的商业模式搬到了亚洲进行发展。在这种美国航空界的动向传播到欧洲，欧洲的动向又传播到亚洲的商业进程中，亚航聘用了原瑞安航空的首席运营官（COO）康纳·麦卡锡（Conor McCarthy）。

仔细调查模仿的成功事例，我们可以整理出如表10-4所示的结果。在这张表中可以看到，成功事例1～5中共通的要素，就是从"P to P"到"低成本操作"的五个因素。这样推论起来可能还不够严密，那么，我们暂时把这些因素当作成功的原因。这是用一致法得到的比较分析的结果。

但是，正如在最佳企业的分析中指出的那样，我们并不能断言这些就是成功的因素。也许还存在一些其他能够左右成败的因素。

表 10-4　根据一致法的推论举例

	原因因素									结果
	P to P	统一机型	次级空港	迅速折返	低成本操作	F	G	H	I	企业的成果
西南航空	○	○	○	○	○	×	×	×	×	○成功
瑞安航空	○	○	○	○	○	○	×	×	×	○成功
捷蓝航空	○	○	○	○	○	×	○	×	×	○成功
易捷航空	○	○	○	○	○	×	×	○	×	○成功
亚洲航空	○	○	○	○	○	×	×	×	○	○成功

运用差异法比较廉价航空

运用差异法将成功事例和失败事例进行对比，可以得到更加确切的推论结果。以廉价航空为例，失败的模仿者也并不在少数。其中的典型就是大型航空公司会成立一些其他事业部门，设置事业体制内的事业模式。例如，美国大陆航空旗下的 Continental·lite 航空、美国联合航空旗下的 Shuttle by United 航空以及达美航空旗下的 Song 航空等。

这些大型航空公司一边维持轴辐式运输网络的高品质商业模式，一边又希图加入到廉价航空的市场。但是，这些公司都没有获得成功。Continental·lite 航空虽然模仿了西南航空点对点的航路模式，但是却选择利用多种机型。此外，与西南航空形成对照的是，它还导入了里程管理，开通了提前选座服务。结果，这样的经营模式给品牌管理带来混乱，甚至蚕食了提供全面服务的大陆航空的市场份额。由于很难同时经营好两种不同的商业模式，大陆航空的全面服务水准受到影响也降低了。

美联航的 Shuttle by United 航空也走上了同样的道路。虽然也是点对点的航路，但是这家航空公司还是不能放弃里程服务和选座功能。此外，飞机上甚至还配备了头等舱，根本没能彻底实行廉价航空的经营模式。

达美航空的 Song 航空也模仿失败。20 世纪 90 年代，达美航空曾经成立过一家名为 Delta Express 的廉价航空公司，结果不幸失败。之后，达美航空吸取教训，对西南航空进行了忠实的模仿。但是，新公司似乎无法 100% 切断母公司的影响。由于飞行员的薪资水平与母公司相同，执行行业最高水平，新公司没能彻底降低成本。

把这些失败的例子与西南航空对比发现，其中的差异还是比较明显的。

Continental・lite 航空没能彻底实施机型的统一。根据机型的不同，保养方法也有差异，这样不仅耗费飞机检修时间，也无法实现迅速折返。在营运航班数量增长的过程中，公司逐渐不堪重负。可以说，机型不统一是这家公司失败的原因。

Shuttle by United 航空保留了里程服务和选座功能。Song 航空维持了与母公司同样的飞行员薪资水平。结果，这两家公司都没能成功降低成本，在模仿西南航空的过程中遭遇失败。

经过以上分析，至少可以查明究竟是何处的不足会导致失败。

表 10-5　根据差异法的推论举例

	原因因素					结果
	P to P	统一机型	次级空港	迅速折返	低成本操作	
西南航空	○	○	○	○	○	○成功
Continental · lite	○	×	○	○	○	× 失败
Shuttle by United	○	○	○	○	×	× 失败
Song	○	○	○	○	×	× 失败

洞悉基本构造

通过以上的比较分析，我们比较容易洞悉其中的基本构造。运用差异法和一致法，就可以抽离出基本构造中的构成要素。

但是，仅仅抽离出这些要素还不够。我们所说的商业模式，是一种由要素和构造共同组成的"系统"。我们必须理解，究竟根据怎样的理论，可以让不同的要素为提供价值而发挥作用。

因此，至少我们一定要有理有据地说清楚连接要素之间的"关联性"。

同时，我们也有必要运用一致法和差异法，在抽离出关系到成功的各要素的基础之上，看清楚要素间的关联性，推量出它的基本构造。

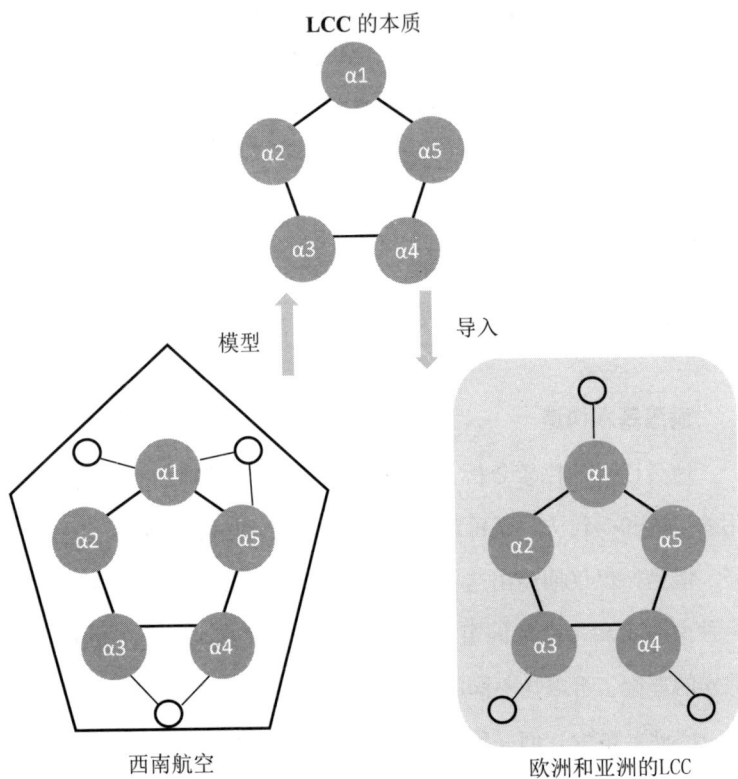

图 10-1　基本构造的抽出和转移

第 11 章　实验——低成本实验的三个方法

为进一步确定推论的正确性，我们必须对其进行验证。验证的方法，就是实验。这一章将给大家介绍三种实验的方法。

（1）在脑海中试验

（2）让别人来试验

（3）小规模试验

这一章，将以上文提到的运输领域中的大和运输和西南航空两家公司为例，对实验的三大方法进行说明。①

---

① 所谓实验，是指在被控制的情况中，去验证假说的妥当性、确认已知的关系，或者是测定某种因素的有效性。其中的典型，就是人为创造出像实验室一样的封闭环境，在排除自己并不关心的因素的基础上，去推断因果关系。一提到实验，可能很多人联想到的是在实验室中进行的实验。但是，事实上实验可以有多种类型。在商业领域中，除实验室实验之外，还存在三种类型的实验。它们分别是：思考实验、自然实验和社会实验。

1. 在脑海中试验

首先，我希望大家能在脑海中进行试验。这种方法我们称之为思考实验，其优点在于除了头脑劳动以外，基本不会花费任何成本。当然，如果结果是"啊，不行"，那也没什么损失。

思考实验，是通过在脑海中想象一种"被控制的情况"，然后对事物进行确认的方法。通常情况下，需要设定在现实生活中基本不会发生的极端情况后进行考察。

之所以要特意进行思考实验，是因为通过它，我们可以使问题更加明确、加深理解。从极端并且经过单纯化提炼的情况中推导出的结果，自有其价值。特别是，有时候它甚至可以推翻之前的所有思考。

大和运输的小仓昌男在思考面向个人的快件收发业务时，通过比较此前的商业货物运输和将来的宅急便业务，在脑海中描绘了一幅运输网络的图像。这也可以说是思考实验的一种。

发展商业货物运输业务，就像汲取蓄水池中的水。可以用篮子盛、用水泵抽，或者干脆用汽油桶装好运走，这是十分简单的事情。但是，面向家庭配送的货物，就像地下水。从地上是无论如何都摸不到的，乍看之下，完全搞不清楚应该怎样汲水。但是，办法还是有的。只要将水龙带连接到地下的管道上，再用水泵吸上来就行了。这样做就可以汲取地下水。如果提前做好这样的准备，接下来就可以用汽油桶进行搬运了。

据说，小仓就是通过这样的思考实验，才想到了代理店的设置和轴辐式的运输网络。代理店承担了铺设在地下的管道的作用。把主妇们已经熟悉的米店和酒屋作为代理店，自然而然就可以汲取上来货物。之后再用小货车把货物集中到承担汽油桶角色的据点，就完成了揽件工作。

2. 让别人来试验

接下来，我们来看看通过观察别人的摸索尝试来进行学习的方法。这种方法特别适合于如果贸然行动就会失败的情况。为了不陷入模仿的圈套，我们必须秉持"见贤思齐"的思想来观察其他公司的操作。

这种方法基本等于自然实验。这里所说的自然实验，指的是经营学中广泛运用的事例研究（Case Study）。我们可以把商业中遇到的情况看作自然产生的一个实验，以此来验证自己关于事业成败的假说。[①] 例如，在廉价航空领域，通过观察各公司的成败事例，这样做应该会成功，那样做或许会失败，我们可以认清经营中的关键点，以此来验证自己的假说。

详细地调查分析，有助于我们避免失败，提高成功率。这样或许多少要花费一些成本，但是却可以避免背负失败带来的风险。这也是自然实验的一个优势。

当然，它还有另外一个优势。由于我们观察的事例是实际发生

---

① 这种方法是指，把不存在人为操作而是自然生成的现象看作是 1 个（或多个）实验，从而去对假说的妥当性进行验证。

的，因此更容易调查公司的自然反应和行动。与此相对，实验室实验虽然具有可以排除自己毫不关心的影响因素、推敲因果关系时更加便利的优势，但是我们却无法从中观察到日常生活中的自然反应与行动。在自然实验中，我们可以观测到当现实世界发生变化时，人们最真实的反应。

因此，探寻合适的事例，将其看作"自然带来的实验"，非常有意义。在廉价航空领域中，西南航空的事例本身就成为一种自然实验。西南航空通过点对点的方式，将没有据点空港的地方城市连接起来，在将机内服务最小化后开始了区间运营。于是，至今为止一直习惯乘坐大巴的年轻人，已经开始逐渐乘坐飞机出行了。

在这个事例中，如果还想追加一项自然实验，那么你可以去探寻一下，有没有其他事例也是"实施廉价航空的商业模式"。之后，你可以开始提问。

· 同样的事情如果不在地方空港，而是在据点空港发生会怎样？
· 如果服务更加全面会怎样？
· 拥有轴辐式运输网络的大型公司也这样做会怎样？

我们无法自己进行全部的实验。因此，有时我们需要先抑制一下自己马上就要行动的焦躁心情，去找找有没有前例。如果发现了与自己的问题一一对应的事例，那实在值得庆幸。只要我们把这些事例看作"被自然条件所限制的实验"，然后根据它来推断成败的因素就可以了。

正如第 10 章中介绍过的那样，在欧洲，瑞安航空就是一个把西南航空当作模仿对象的成功事例。相反，在失败事例中，大型航空公司达美航空和美国大陆航空也非常有名。这两家公司在没能理解廉价航空的基本构造的基础上，又没能忠实地再现其经营模式，最终遭遇失败。

如此，我们发现的每一个事例都可以看作是"自然带来的实验"。如果在同样的情况下发生同样的事情，我们就可以认为这件事已经在其他的实验中反复发生并且经过验证。通过有意识地进行观察，就可以推导出关于基本构造的、更加确定的假说。

3. 小规模试验

最后一项值得一试的步骤，是在实际市场中进行小规模试验。

这种试验与社会实验的思考方式是相通的。所谓的社会实验，指的是在现实社会中，有意识地创造出一种"被控制的状况"，再来进行工作确认的一种方法。在工作现场，实际情况总是与实验室有所不同。即便在实验室中百试百灵的方法，到了现场也有可能并不适用。因此，在接近实际现场的环境下实地验证是很有价值的。

这种方法又被称为现场实验法，一直以来它经常被用于新产品的市场调研等场合。在本书中所介绍的经营者们，也是根据这样的现场实验，才成功再现出模仿对象的商业模式。

如上文所述，大和运输在规划宅急便的运输网络时，首先通过限定区域来着手网络的创建。最初，公司专注日本近太平洋一侧，从城市辖区开始展开业务，而并没有选择马上在日本全国铺开经营。

不过，虽然限定了区域，但是在配送时间上却毫不妥协。为了能在社会上形成良好的口碑，公司最初就决定一定要实现次日配送。因为邮政小包需要 4 日至 5 日的配送时间，就当时来说，宅急便的配送速度实在是令人感到吃惊的。

通过这项小规模实验，大和运输"次日送达"的口号深入人心，也进一步证实了轴辐式运输网络和简单易懂的快递打包方式是有效的。以证实结果为基础，大和运输在日本全国范围内展开了宅急便业务，收益也直线上升。之后，大和运输干脆从长距离运输市场退出，开始专注于发展核心业务——宅急便。

从实验角度来说结果是令人满意的，但是对于经营者本人来说，这其实是一系列尝试之后的成果。尽管如此，接下来，经营者还是要尽力避免进行无效的实验，并要将实验中获得的知识灵活运用到商业模式的构筑工作中。

精益创业

如今，这种现场实验法已经作为"精益创业（Lean Startup）"而形成体系。[①] 这种方法可以帮助创业者规避致命的风险，通过有计划、成体系地重复小型实验，创业者能够逐渐摸清事业成功的重要因素。

---

① 在日本，学习·企业家·实验室（Learning Entrepreneur's Lab）的两位合伙人——堤孝志和饭野将人正致力于推广根据精益创业而产生的假说验证研究。

比如，通过它我们可以实际制作模型，并确认顾客的反应。在这里比较重要的是，我们需要明确最值得确认的关键点，并排除此外的一切因素。这次是用户界面（User Interface），下次是费用部分，接下来是设计，这样逐一精心进行确认。把其他条件都设为定量，专注于最值得关注的一点，之后再有效率地进行检查验证，这是精益创业的基本操作。

在重复这套程序的过程中，有时脑海中就会浮现出之前根本没有预想到的顾客群体，有时也会发现自己根本没有注意到的某种服务的价值。

精益创业为我们在庞大的市场调查中找到了支撑依据，但同时它也与一直以来经过精密计划后再实施的做法背道而驰。其有效性已在世界范围内得到证明，如今，不仅限于初创企业，它也逐渐被大型企业灵活运用于经营管理中。

在这里稍微岔开一下话题，可以说，其实精益创业的手法本身也是从遥远世界进行模仿而诞生的产物。

对于多数商务人士来说，听到"精益（lean）"一词，首先想到的大概就是丰田生产体系吧，它也被称为精益生产体系。

这个名称是由 MIT（麻省理工学院）的研究小组所命名的。20世纪 90 年代，研究小组在调查日本制造业劲头强势的原因时，将丰田生产体系的本质总结为精益（没有浪费）生产，并由此命名。

精益创业的手法，最初则是由斯坦福大学的史蒂夫·布兰克（Steve Blank）教授作为验证假说的方法而提出的。埃里克·莱斯（Eric Ries）在学习这种方法之后创业成功，并且注意到，自己的方法其实就是省却浪费的创业过程。这种方法与丰田生产体系的思考方式十分类似，于是埃里克把它们总结在一本书里。这本书获得了全世界创业者们的支持。

简单来说，这种方法的实际操作可以分为以下几步。

· 节制大规模调查，不要浪费成本与时间。
· 如果已有设想和假说，那就尝试做出样本或最低限度的产品或服务。
· 向顾客提出实际方案，并观察其反应。
· 改善不足，如果预想存在偏差及时转换方向（Pivot）。

这套程序成立的前提是，新产品和服务只有在投入市场进行观察之后才能了解其卖座与否。接下来，不要贸然认为就可以进行调查、企划、生产、销售的全套流程。而是应该螺旋式地不断修正、不断前进。因此，我推荐大家重视假说与验证的过程，以不产生浪费的形式专注自己希望调查的内容，在此基础上再与市场对话。

这时，实验计划法是一种非常有效的方法。

所谓实验计划法，是指"就特定的观察对象，希望通过实验查明怎样的因素会对其产生影响。因此通过尽量简洁的实验手续和观测，在可能的范围内，创建一种能够正确分析多种因素效果的实验计划的方法"（日本大百科全书）。

例如，假设你想要创建一个发布招聘信息的中介网站。那么在测试网站时，如果同时变更多项要素，就会搞不清楚各项要素是否合理。如果想要知道理想的用户界面是哪一款，这时，收费方法和网页设计就要设为定量，通过变更用户界面这一项数据，来观察网站的访问量。因此，这时收费方法和网页设计等因素不够完善也没有关系。

精益创业的程序和大型企业中传统的操作是截然不同的。大型企业，追求的是通过大规模调查，取得有可能准确预测市场反响的调查结果。这样不仅花费大量成本与时间，从成品或服务的生产到试用的过程也需要很长的时间来验证。由于企业追求完成度较高的样品，那么除非产品机能已经获得十足肯定，生产流程是不会进行到下一步的。这样一来，就浪费了成本与时间。此外，大企业的生产与销售，每个环节都是需要与企业规模相匹配的大动作。因此，只有完全铺好生产线，企业才能准备大规模的促销活动，进行产品销售。

但是，无论提前做好多么广泛的调查，也不可能完全正确预测市场动向。像误解顾客的需求、定价不合理、没能准确预测销量等情况时有发生。前期工作铺开的范围越是宏大，后期想要修正轨道就越难。

仔细想来，大企业中这样的生产流程包含有很多浪费现象。埃里克·莱斯认为，创业成功的关键在于避免浪费和迅速发售产品或服务。

三项实验的顺序、注意灵活运用

如果能够灵活使用以上介绍的三项实验，就能顺利地推论出事物中的因果关系。在此基础上，我们也能看清模仿对象商业模式的基本构造。这样一来，就能避开模仿的陷阱，也更容易在自己的世界中再现出模仿对象的商业模式。

这三项实验的基本顺序是：（1）思考实验；（2）自然实验（事例研究）；（3）社会实验（小规模实验）。

基本上，（1）思考实验是纯粹的思考性的东西，若是不具备一定的经验和观察力，也不可能洞察到事物中不可见的部分。（2）自然实验是以观察学习和替代性学习为基础的工作方式，详细分析其他公司的经验能获得有益的见解。（3）社会实验会为我们积累经验。在这种实验中收获最多，但同时也要花费相应的成本。

在不断重复这些实验的过程中，我们就能逐渐摸清，到底什么才是成功的关键，也更加能够明确究竟哪条道路才能通向成功。特别是，在接近实际状况的环境下进行实验，其所获得的见解是最珍贵的。从这一点上来说，一旦时机成熟，我们就应该多多进行各种尝试，当然还是要保持在适当的程度范围内，即便失败也能避免自己受到致命打击。

模仿，从本质上来说就是伴随着实践的行为。如果自己尝试过后还是不能再现（模仿对象的商业模式），那也称不上是模仿。并且，通过实践我们能够注意到很多之前不曾留意的细节问题。

实行

第 12 章 创造——从再现到独创

初夏时节，我们和从美国来访的教授一起在名古屋的宾馆召开了午餐会议。这位教授，就是在俄亥俄州立大学费舍尔商学院（Fisher College of Business）执教的石家安（Oded Shenkar）教授。他是《模仿的力量》一书的作者，通过实地采访调研，他查明了世界上许多崭新的商业形式都是从模仿开始的这一事实。在这本书中，他就模仿为何是一种知性行为，用多种事例作为学术研究的证据进行举证，并将其介绍给读者。

恰好那时，我们就丰田也曾模仿超市一事进行了热烈的讨论。"你从丰田那里学到了什么？"石家安教授向我们提出了这个问题。即便仅从生产体系角度来说，也有招牌、自动化、照明等各种各样的企业机制。此外，丰田在人才培养、供应商网络等方面也十分优秀。面对践行完美经营模式的丰田公司，需要学习的地方实在太多了，我当时确实不知道该如何回答。

是这样吧。就是因为有很多可以模仿的地方，才会感到更加困惑。所谓的模仿，实质上是一种创造性的行为。

说是模仿丰田，但是究竟要模仿什么？又怎么做呢？值得关注的点，其实是因人而异的。这并不仅仅局限于对丰田的模仿；即便是模仿同一家公司，每个人在脑海中描绘出的蓝图也不一定相同。此外，如果不断积累各种各样的尝试经验，最终产生的经营结构也会有所差异。模仿的主体不同，最终产生的结果自然也各不相同。

特别是，如果一个人能用自己的视点对问题进行消化，并将其转化为自己的东西，那么他就能够根据所处的情况灵活进行创造性的模仿。消化后的知识与个人体验相互交融，自然而然就会诞生独创性。

大和运输的小仓昌男，从吉野家学到了专注一点，从 UPS 感受到了配送密度的重要性，从日航旅行社看到了服务商品化的本质。如果是其他的经营者来观察吉野家、UPS 和日航旅行社的话，可能就会从其他角度进行参照了。

这一点正好和写实派与印象派的关系类似，即便是描绘同样的风景，完成的作品也会迥然不同。写实派的画家肯定会使用一种充满现实感的手法来描绘一个农场中正在耕种的农夫。与此相对，印象派的画家大概会用鲜艳的笔触绘制沉入地平线的夕阳与其绽放的最后光芒。就算在绘画领域，即便画家面对同样的风景和人物，也会画出完全不同的画作。①

本章，我希望和大家来一起思考一下模仿中的创造性。

咖啡的商业模式

说起美国和日本的咖啡品牌，星巴克（Starbucks）和罗多伦（Doutor）是非常有名的。这两家店都把欧洲的咖啡店当作"模仿对象"，但是却呈现出完全不同的风格。两家店的创业者，在体验过欧洲的咖啡店后，都决意将其带回自己的国家，创立自己的咖啡店。虽然星巴克模仿的是意大利咖啡店，罗多伦模仿的是法国和德国的咖啡店，但两家店的创立仍都根植于欧洲的咖啡传统。

一手培养了星巴克的霍华德·舒尔茨（Howard Schultz），还有创立了罗多伦的鸟羽博道，他们都建立了怎样的商业模式呢？让我们通过舒尔茨的著作《星巴克的成功传奇》、鸟羽博道的著述《罗多伦咖啡——"是成还是败"的创业记》，来看看他们背后的故事。②

星巴克的模仿对象

星巴克在全世界 70 个国家范围内，已经开设有 24000 家咖啡

---

①　在艺术和学术的领域中，在模仿的连锁反应中进行创造也是一种基本操作。凡·高（Vincent van Gogh）是一位后期印象派画家，但是他非常喜欢写实派画家密莱丝（John Everett Millais）的《播种者》这幅画，为此凡·高在引用了其画中构图后，重新添加色彩，创作出了原创性的画作。此外，凡·高通过对日本的歌川广重的浮世绘作品进行油画绘制的模仿，从中学习到了绘画的技术（构图、色彩感觉和线描画的创作方法），这段经历也一直为人称道。
②　当事后希望了解经营者构建了怎样的经营模式时，当事人的著作是最有利的信息来源之一。本书中进行事例分析时，参考了许多信息，其中整个事件的记述则是以舒尔茨和鸟羽本人的著作为准。另外，为了准确再现当事人的自我意识，有个别地方引用了他们的书中原文。这部分内容以引文的形式标注。

连锁店（截至 2017 年 1 月）。星巴克的创立还要追溯到 1971 年。当时，它还是一家开在美国西雅图专门进行烘焙、销售咖啡豆的小卖店。而在店铺里一边销售咖啡豆，一边提供浓缩咖啡（Espresso）饮品的经营方式，则是由霍华德·舒尔茨提出的。

舒尔茨第一次走进星巴克是在 1981 年。这时，他还在一家销售厨房用品和家庭杂货的公司担任副总经理。在那个年代，销售咖啡豆本身还是一个比较罕见的事业。当舒尔茨试饮了由咖啡豆研磨过滤出的咖啡后，完全被它的美味所俘虏，于是他决定辞去副总经理的职位，加入星巴克。

加入公司一年后，舒尔茨得到了独自去米兰参加国际小商品展的机会，这次旅行成为他事业上的转机。在米兰咖啡店的原生态体验，很大程度上改变了他的人生轨迹。

从住宿的酒店去会场的途中，舒尔茨偶尔会去咖啡店坐坐，他感觉这里简直就是一个完全不同的新世界。店员会笑容满面地出来迎接客人，店铺里身材颀长的咖啡师（barista）则用意大利语"buon giorno"向你打招呼。这时，咖啡师正在为三位客人调制浓缩咖啡和卡布奇诺，他的动作实在优美万分。卓越的调制技术，完美的表现，这就是咖啡师所展现给舒尔茨的美好印象。

在这里，舒尔茨所品尝的浓缩咖啡，是从真正的咖啡豆中抽取的精华，三口喝下去，留在嘴里的回味，妙不可言。店里的老顾客享受着咖啡，愉快地畅聊，咖啡店已经变成一个人们舒适交流的场所。

舒尔茨不禁被这种气氛所感动，一天之内跑了好几家咖啡店。

有一家店里，白发苍苍的咖啡师，已经和顾客熟悉得互相都叫得出名字。另一家店里，成年人正一起聊着政治话题。在米兰，既有装修时髦的精致店铺，也有充满庶民气息的朴素小店。无论哪一家店都有着自己独特的个性，但是它们却都拥有着一点共通的、最重要的东西。

那就是，技术一流的咖啡师，以及老顾客们围绕着咖啡师而形成的一种安详平和的气氛。

对于意大利人来说，咖啡店就是日常生活的一部分。每天早晨，一定要在这里，用自己专属的杯子喝上一杯咖啡再上班。白天，退休的老人和带着孩子的爸爸们来到这里，跟咖啡师愉快地交谈。到了晚上，店铺会把桌子支在外面，人们在这里享受着红酒。在每一个场景中，咖啡师都是不可或缺的存在，因此，在意大利，咖啡师是一个受人尊敬的优秀职业。

星巴克所遭遇的情况

自从在意大利看到当地咖啡店的情况后，舒尔茨不禁对自己店里的经营方式产生质疑。当时的星巴克不过是一家烘焙、销售咖啡豆的小卖店。虽然店里的职员都很喜欢咖啡，但是咖啡的魅力还是没能传达给更多的人。这种强烈的不安时刻纠缠着舒尔茨。

我们所做的，不过是把咖啡当成农作物，打包好送到家而已。这样一来，我们就只是一家食品杂货店。这种做法与经过几个世纪流传下来的咖啡文化，未免也相差太远了。

从某种程度上来说，这是一种自我否定的意识。舒尔茨决意，要让顾客能在店里自由自在地享受咖啡。他认为，向更多的顾客传达这种咖啡文化，已经成为自己的使命。于是，舒尔茨希望在美国，也能让顾客感受到自己在意大利所体验的咖啡文化。

但是，想要开一家咖啡店，却存在许多困难。一家专门的咖啡店，与从事烘焙工作的星巴克未免有些脱节。或者说，这与一直经营咖啡豆销售的星巴克商业模式并不相容。

无奈之下，舒尔茨决定独立出来，开一家名为"ll Giornale（意大利语，'每天'的意思）"的连锁咖啡店。据说，当时的舒尔茨跑遍意大利500家左右的咖啡店，进行了详细的观察工作。一边记笔记，一边抓拍、录像，就是为了能够在美国再现原汁原味的意大利咖啡。

实际上，对于开在西雅图的 ll Giornale 1 号店，舒尔茨特别执于追求一种意大利风情。店内不设椅子，力图推广一种站着喝咖啡的生活方式。菜单一律是用意大利语写成，背景音乐也是意大利歌剧。甚至于对在这里工作的咖啡师，也要求统一穿着白衬衫配蝴蝶领结。

但是，这样彻底地模仿意大利的风格，效果却并不尽如人意。歌剧听起来有点吵；来店里放松的时候，顾客希望能坐在椅子上；菜单方面，有人建议能不能译成英文版本。为了追求咖啡的美味，陶瓷杯的确是不错的选择，但是这样就没办法选择外带。为此，店里重新准备了纸杯，以方便顾客的外带需求。经过如此一番调整，

ll Giornale 的发展终于顺利步入正轨。

　　恰逢此时，星巴克由于经营不善，决定在 1987 年出售公司的商标、铺面和烘焙工厂。听到这个消息，舒尔茨马上决定收购自己的"老东家"——星巴克。正好自己的店铺也需要一家咖啡豆的烘焙工厂，这样一来，咖啡店的生意和销售咖啡豆的产业链条就能形成完美互补。舒尔茨不禁感慨，这次收购简直就是命中注定的事情。

　　接下来，舒尔茨建立了一种新型的咖啡店经营模式，品牌上统一为星巴克，店里一边销售咖啡豆，一边提供咖啡饮品。商标方面沿用了星巴克的传统品牌形象，而店铺装修也很好地融入了 ll Giornale 的现代风格。至此，新一代星巴克终于诞生。

星巴克的事业理念

　　获得新生的星巴克，不仅在西雅图地区备受好评，甚至在没有喝咖啡习惯的芝加哥和洛杉矶也受到人们的欢迎。在星巴克的成长过程中，舒尔茨也在不断地问自己："在各种风格迥异的城市，为什么以星巴克为代表的咖啡店能够如此受到人们的欢迎呢？"

　　接下来舒尔茨终于想明白，星巴克提供给顾客的，并不仅仅是咖啡。星巴克自有其独特的魅力，这才是吸引大家的原因。在他的著作《星巴克的成功传奇》里，舒尔茨把星巴克的存在价值总结为四个关键词。

・浪漫的味道

・可以触及的奢侈

· 绿洲

· 日常交流

在令人眼花缭乱的日常生活中，如果偶尔能够放松一下，享受奢侈的静谧，是十分难得的事情。

因此，在这四个关键词中，舒尔茨非常看重日常交流这一点。这也是因为，一直以来，他都十分重视为人们"提供一个可以放松交流的场所"。

在星巴克，提供"日常交流"的场所，被称为"第3场所"。这个第3场所，区别于第1场所（家庭）和第2场所（职场），它是一个能够让人安心的地方。

西佛罗里达大学的名誉教授欧登伯格（Ray Oldenburg）曾经说过，区别于家庭和职场，人们总是追求一种形式上并不夸张的社交性的交流场所。据说，承担起这样角色的场所，在法国是咖啡店，在英国是酒吧，在德国则是啤酒花园。而在美国，过去曾有小酒馆和理发店，但是随着人们的居住地逐渐向郊外扩散，越来越少有人会集中在这些场所。于是，人们就开始陷入孤独。

在接触到这个第3场所的理念后，舒尔茨开始重新看待星巴克的存在。星巴克虽然正在成为这个第3场所，但是还远远不够。坐下来聊一聊的顾客比较少，更多人还是选择外带。即便如此，也有越来越多的人开始选在星巴克碰头、集会。于是，舒尔茨决定，新开张的星巴克门店需要更加宽阔的空间和数量更多的椅子。

这个判断是正确的。从20世纪90年代开始，伴随着网络环境的发达，人们对第 3 场所的需求也越来越大。由于有很多人开始在家办公，因此，在家面对电脑工作的人群，有时为了寻求心灵的互通，就会来到星巴克。

如此，现在的星巴克，已经不是最初设计的样子了。舒尔茨最初预想的经营理念是，在美国重现意大利站着喝咖啡的生活方式。也就是说，"在办公大楼的周边街道，设置站立式柜台，这样顾客不用等待就能带走咖啡"。

然而，实际在美国追求曾经体验的意大利式的"轻松交流的场所"，最终却得到了一个看上去不同于意大利的星巴克模式。

星巴克的经营结构

包含咖啡在内的服务行业，如果一次没能处理好客户关系，就会影响今后企业的发展。而承担起这份责任的，正是在现场工作的员工们。往往工作人员一些傲慢的举动，就会让顾客逐渐远离这家店。因此，为了能让顾客在第 3 场所享受到咖啡的浪漫，公司必须为从业人员创造一个令人开心的工作环境。舒尔茨最开始关注到的，也正是构建与员工之间的信赖关系。

像小卖店和饭店的经营，客户体验决定一切。一旦让顾客失望一次，那就会永远失去这位顾客。如果要把公司的命运交给那些临时来打零工的 20 岁左右的学生和演员志愿者，那就不能把他们像消耗品那样无所顾忌地使用。

实际上，星巴克的员工中 2/3 都是临时打工者。他们当中，有些人从早上五六点就开始工作。如果没有这些人的力量，星巴克就无法提供高质量的服务。

因此，公司对待员工就像家人一样。通常来讲，在美国，这种临时打工者的身份是不适用于社会保险的；然而在星巴克，工作 20 个小时以上的临时人员，都能享受到正式员工的健康保险待遇。得益于这项制度，星巴克招揽了许多人才，离职率也不断降低。同时，员工的工作态度也非常积极，他们会为了公司的发展群策群力，辛苦劳动。由此，星巴克内部建立了一种不可动摇的信赖关系。

不仅如此，从 1991 年开始，星巴克的所有工作人员都可以享有一项划时代的制度福利——认股权利。它的名字叫作长期股权激励计划（Bean Stock）。这是把只重视股东、不重视从业人员的经营方式作为反面教材，而提出的一项强烈的反命题。

舒尔茨之所以如此重视自家工作人员，并不仅仅是为了提高服务质量。而是因为，他本人非常反感只把工作人员当成工具的经营模式。

舒尔茨的父亲曾经是一名勤奋的劳动者，但是却没能得到美国社会的认可。父亲曾经做过货车司机、工人和出租司机等职业，为了家庭付出一切。但是，为了适应工作组织而不断努力的父亲，却并没有得到相应的回报。父亲在职场中没有得到尊重，劳动价值无法体现，最终在自己的工作中丧失了生存的价值和自豪感。

舒尔茨从未想过自己有一天会成为一名经营者。但是，据说他曾下定决心：如果能够做成什么事业，绝不会随意放弃任何工作人员。

　　咖啡，是一种很优雅的饮品，如果搞错一点处理方法，都会伤害咖啡的品质。正是因为把一切都交给了像家人一样相处的员工，一切才变得更有意义。因此，星巴克并不做加盟店，而是执着于直营店的经营方式。

　　加盟店能够分担费用，这并不是什么坏事。但是对于星巴克来说，加盟店的存在很有可能破坏公司与顾客之间重要且强有力的纽带关系。

　　加盟店的经营方式，是在资本有限的情况下促进企业成长的有利的组织形式，但是舒尔茨认为，比起它的优势，自己更害怕会破坏公司与顾客间直接的联系。

　　用 P-VAR 表来总结星巴克的经营模式，我们可以得到表 12-1。

表 12-1　星巴克的 P-VAR 分析

P	顾客	最初,是不了解咖啡文化与魅力的人群
	竞争	无(不同领域中存在一些一般的咖啡小屋)
V	提案价值	轻松交流的场所(第 3 场所)
A	成长动力	开设直营店、构建与员工的信赖关系(临时打工者适用的社会保险、长期股权激励计划)
	收益动力	与高品质的咖啡和服务相对应的合适价格 低离职率(降低招聘、培训环节的成本)
R	经营资源	直营店、与顾客的纽带关系、与员工的信赖关系等

罗多伦的模仿对象

在日本咖啡行业引起创新的罗多伦，其创业灵感也是来自欧洲的咖啡店。

罗多伦，是一家在日本拥有最多数量店铺的大型咖啡连锁店。提到其创始人鸟羽博道的创业契机，还要追溯到他19岁的时候。鸟羽一直无法忘记，早上飞奔离家到达工作的餐馆后，那第一杯咖啡的香醇味道。甚至可以说，咖啡豆的香味，能够改变一整天的工作安排。以这种原始体验为基础，带着"一杯咖啡，带来安宁与活力"的使命，鸟羽开始了自己的创业。

最初，鸟羽是靠咖啡豆批发生意起家的，经过多年努力，他终于拥有了自己的咖啡店。恰好当时，他参加了一次行业团体组织的考察旅行。在这次旅行中，他遇到了自己一生的"模仿对象"。

初次造访巴黎，鸟羽发现与自己有所交际的人们总是习惯性地去喝一杯咖啡。这个景象始终在鸟羽的脑海里徘徊，挥之不去。在露台喝的话一杯是150日元，在店内则是100日元，若要站着喝，则收费50日元，不同的方式存在不同的价位差。当时，咖啡在日本尚是一种很特别的东西；但是在巴黎，人们早上上班之前，却能以便宜的价格站着喝一杯再去办公室。这个情景不禁让鸟羽感叹道："原来如此，就是这样！这种站着喝咖啡的方式才是咖啡店的最终形态吧。"

在考察旅行的下一站——德国，鸟羽又一次遭到了文化冲击。在德国，奇堡（Tchibo）是一家非常有名的咖啡连锁店，店内一边提供咖啡豆的现场研磨，一边进行销售。当时，日本只有高级百货商店才提供咖啡豆现磨服务。据说，鸟羽来考察的时候非常不巧，正赶上店内休息，于是他就通过橱窗努力地观察店内陈设。这时鸟羽预感到，很快，日本的普通咖啡店，也能提供这种咖啡豆研磨加销售的服务。

在考察的最后一站——瑞士，鸟羽来到当地的咖啡烘焙工厂，并为工厂优美的环境深深折服。庭院里铺满了漂亮的草坪，美丽的花朵正在随风摇曳。鸟羽描述说："这里简直就是童话世界的花园工厂。"

罗多伦所遭遇的情况

与在欧洲所见到的咖啡店相比，日本的咖啡店甚至可以说是颓废的。当时，日本的咖啡店基本都在一种昏暗的环境中经营。咖啡总是煮过头，早已丧失了咖啡豆原有的香味；工薪阶层在这里打发时间，店里经常飘满了烟草的味道。

更加糟糕的是，这种半吊子的咖啡店还越来越多。有爵士或者香颂音乐伴奏的店尚算比较正经的地方，但是有不少店里却出现了被称为同伴饮茶或美人饮茶（男女结伴或有美人服务）的具有色情色彩的服务。渐渐地，如果高中生出入这些咖啡店，就会遭到学校的退学处分。

不仅如此，单杯咖啡的价格还在不断上涨。当时，日本正迎来经济高度成长期，原料费、租赁费和人工费都在飞涨。业内相关工作者似乎都认为这是理所当然的，然而鸟羽却开始担心，顾客是不是很快就支付不起这样价格高昂的咖啡了呢？眼看着现实与自己的理想渐行渐远，对于业内不断涌现出的反面教材，鸟羽感到深深的厌恶。

所以，欧洲之行所遇到的理想模式对鸟羽来说是极具冲击力的。"在我郁郁寡欢的时候，这种理想型的咖啡店，就像台风过后澄净清澈的天空，成为我脑海里一幅鲜明的图画。"鸟羽感叹道。

罗多伦的事业理念

这次考察之后，鸟羽以"健康、明朗、男女老少都爱亲近"的理念创立了一家名为"咖啡——科罗拉多（Colorado）"的咖啡店。店里提供产自世界各地的咖啡豆，顾客在这里也能享受到原汁原味的咖啡饮品。这样，本来不会光顾咖啡店的顾客逐渐增多，客流量大幅提升。商务人士、商店老板、自由职业者，还有购物归来的主妇，根据时间段的不同，各类顾客群体络绎不绝。当时，对于咖啡店来说，一天能有 6 次翻台就算成功，而科罗拉多能达到 12 次。

有了这次的成功经验，1980 年，罗多伦咖啡终于诞生。这时正好有人问鸟羽，在原宿最棒的地方，"有没有兴趣开一家咖啡店？"而鸟羽的直觉告诉自己："就是现在！"

罗多伦的事业理念，一言以蔽之，就是以较低的价格提供站着喝咖啡的生活方式。或者说，就是 1971 年，鸟羽在巴黎的香榭丽舍大街所看到的咖啡店模式。"这就是最终形态"曾经留下深刻印象的咖啡店，历经十年岁月，终于要在日本成为现实。

接下来，喝咖啡逐渐成为日本人日常生活中不可分割的一部分。越来越多的商务人士认为，早上不来一杯咖啡，一天的工作就没有动力。这时，受石油危机影响，日本人的可支配收入正在日益减少，但人们对每天饮用也不会感到负担的低价格商品的需求却有增无减。

罗多伦的事业结构

在这样的大环境下，鸟羽决定把一杯咖啡定价为 150 日元，在此基础上，为了实现低价，付出任何努力也在所不惜。

为实现这一目标，最重要的就是提高店里的翻台率。即便多来一位顾客，也能带来更多潜在顾客，只要实现"低价格、高翻台"，就能产生利益。

首先，店铺选址必须在东京都中心区域的黄金地段。虽然在一等高区开店租金很贵，但是若开在偏僻的地方根本不会产生客流量。为了能够吸引更多的顾客，二等地段不行，三等地段更不行，鸟羽决定，必须把店开在车站前或繁华商业街这类一等地段。

当然，就算能够吸引大量客流，如果没有优质的服务也不会产生回头客。即便是停留很短的时间，也要让顾客在这里度过充实、心意满满的时光。为此，鸟羽给出了令人意外的回答。

在这里，我希望一方面能尽量减少工作人员的劳动负担，一方面用真挚的笑容替代服务，打造一家自助式服务的咖啡店。

无论如何，减少客人等待的时间都是最重要的。而且，还必须保证工作人员能有时间用微笑来接待客人。为此，店里引入了自助式服务，并且力求推进彻底的机械化。

为此，鸟羽不仅在店里购置了自动咖啡机，还引入了包括洗碗机、履带式烤面包机等在内的自动化设备。多亏这些自动设备，店里只需要很少的工作人员就能提供迅速的服务。在机械化与自助服务的双重组合下，几乎在顾客点单的同时，食物很快就能送到他的手中。不需要等待时间，这与一般的咖啡店相比，劳动生产率提高了接近 4 倍。

150 日元一杯咖啡的价格，基本相当于当时市价的一半。因为出人意料的低价，甚至有顾客误会这价格是限时优惠，有人会问："打折持续到什么时候啊？"

因此，罗多伦的低价成为业界的一大话题。

鸟羽在力争实现低价的同时，也在努力追求咖啡的味道，对于咖啡豆，从挑选到烘焙的方式都非常讲究。原料，一定要选高品质的危地马拉咖啡豆。为了栽培优质的咖啡豆，鸟羽甚至在夏威夷开设了公司自有的农园。

购进咖啡豆后，烘焙工作需要很长时间。烘焙方法一般可以分为两种，直火烘焙和热风烘焙，罗多伦选择的是直火烘焙。这种烘焙方法难以进行机械化操作，同时也需要大量人力劳动，相比热风烘焙，它的工作效率更是不到前者的1/3。即便如此，由于鸟羽执着于再现欧洲的咖啡味道，罗多伦也一直坚持这种能够锁住咖啡豆精髓的直火烘焙方式。

表 12-2　罗多伦的 P-VAR 分析

P	顾客	男女老少皆有,但主要是商务人士
	竞争	无(不同领域中存在一些颓废的咖啡店)
V	提案价值	1 杯咖啡,提供安宁与活力
A	成长动力	选址黄金地段,通过积极的机械化操作减轻劳动负担
	收益动力	机械化与自助服务 廉价、快翻台(高劳动生产率、高翻台率)
R	经营资源	选址、各种机械、操作技术、公司自有农园等

同样的对象、不同的结构

星巴克和罗多伦,同样都是因为接触到欧洲文化而建立起新的商业体系,但是两家公司的商业理念却并不相同。这一点值得我们好好探究。

星巴克虽然模仿的是意大利站着喝咖啡的生活方式,但是最终呈现出的却是一种能够使人慢下来轻松享受咖啡的经营模式。关于这一点,有一种说法是,西雅图是全美降雨量最多的地区,因此人们需要一个能够把生活节奏放慢的地方。

而罗多伦尽管模仿的是正统的法国咖啡厅,结果却实现了快速翻台的站着喝咖啡的形式。不过若是考虑到日本人快速的生活节奏,这倒是可以理解。

总而言之,这两家公司一方面从遥远的地方模仿了最本质的东西,一方面也结合自己国家的实际情况进行调整,最后都实现了独创性的商业模式。

找到应该模仿的本质部分是最重要的。正如我们在本章开头部分所介绍的那样,当石家安教授提出"你,从丰田要模仿什么呢?"

的问题时，如果是优秀的经营者，他也许能够马上给出答案。

星巴克的舒尔茨在多次观察个性丰富且多元化的意大利咖啡店之后，发现这里非常重视咖啡师的存在感与顾客之间的伙伴意识。当舒尔茨第一天接触意大利的咖啡文化时，他就看清了其中最主要的部分。

另一方面，罗多伦的鸟羽在很短的考察期间内，就预见到了"只有站着喝才是咖啡店的最终形态"。罗多伦从法国咖啡店获得了站着喝的启示，又从德国的奇堡公司学到了研磨、销售咖啡豆的方法，之后又在瑞士的工厂认识到了工作环境的重要性。通过将在欧洲考察得来的多项模板进行组合，鸟羽最终建立了具有鲜明独创性质的经营模式。

但实际上，想要建立理想与现实相结合的经营组织并不是一件容易的事情。很多时候，我们并不能从一开始就取舍出所有最合适的要素。

从根本上来说，星巴克和罗多伦都是从希望进行单纯模仿的愿望出发、建立新事业的。

星巴克的舒尔茨，彻底观察了意大利本地近500家咖啡店，不停地用笔、照片和录像记录其中的一点一滴，"不断探讨怎样才能再现意大利原汁原味的、站着喝咖啡的方式"。

只不过，这些为了忠实再现意大利风情所作的工作并没有派上什么用场。无论是站着喝的方式、作为背景音乐的歌剧，还是意大利语的菜单、蝴蝶领结，这些都没有得到顾客的支持。

罗多伦也是，并没有一切都在进行照搬。在法国，一般当饮料端来餐桌的同时就会完成结账环节，然而在日本，人们却并没有这个消费习惯。此外，为了实现低价，罗多伦还引入了机械化操作和自助服务。罗多伦实现站着喝咖啡的操作方式与法国的咖啡店截然不同。最关键的一点，就是它没有停留在单纯模仿这一步。

从结果来说，即便已经实现了创造性的模仿，也并不意味着从最开始就必须看清楚究竟要模仿什么。倒不如说，在过程中彻底地模仿，然后再从模仿的成功或失败里，学习到各种各样的知识。

罗多伦的鸟羽认为，"只要存在优秀的人物、优秀的东西，我们就应该不耻下问、好好学习"。

向他人取经，是非常重要的。也就是说，我认为从模仿出发，是一种比其他任何手段都能快速上手的方法。搜寻比自己优秀的人物，然后向他彻底地取经。取经、取经，一直取到我们没有什么需要再学习的为止。

从彻底模仿中诞生的创造性

正如上文提到的那样，一般来说，我们认为模仿是一种高效率的学习方式。

但是，如果说模仿就是单纯地再现，那反而可能会产生严重的后果。因为，模仿需要很高的能力。

比如，产品也好、结构也好，如果说从外部开始进行解析，我们其实需要多次尝试、不断犯错。有时，想要模仿 100 种技术，在不断尝试犯错的过程中，我们就能不断积累学会 200 种技术的能力。

这样，只要我们提高能力，就能在下一步工作中发挥出创造性。可以说，这个过程本身就是负荷超高的作业。然而反过来看，正是这种负荷才是成功的关键。所以，在尝试犯错的过程中进行学习，是非常重要的。

如果吃不了苦，那就决计不可能在模仿中产生创新。

在诞生创造性的逻辑中，罗多伦的鸟羽曾经说过这样的话："彻底地模仿一个人，研究他、再模仿他。在这个过程中，个人的能力也一定会大幅度提高。我认为，只有这种超强的能力，才能诞生所谓个人的原创性。"

在日本自古流传下来的舞台艺术中，即便是在能乐的范畴里，也十分推崇演员为了提高自己的艺能而去彻底地学习模仿。变成女人、变成老人、变成疯子。只有真正变成自己所饰演的角色，才能到达融会贯通的境地。在商业领域也是同样，越是深谙商业之道的经营者，他就越是需要摆好模仿的姿态，并且做好不断进行模仿锻炼的心理准备。

第13章 守、破、离——超越分歧的多种模型

　　假设，就像星巴克和罗多伦一样，我们在公司外部和内部，发现了一些成功事例和失败事例。它们看起来有点类似优秀的模仿对象和反面教材。那么，如果要从中选择一项进行学习的话，你会选择哪一个呢？

　　·公司外部的成功（单纯模仿）
　　·公司外部的失败（反面教材）
　　·公司内部的成功（横向展开）
　　·公司内部的失败（自我否定）

　　是向模范教师学习呢，还是向反面教材学习呢？是学习公司内部的模式呢，还是学习外部的模式呢？

　　成功或者失败，公司内部或是外部，这都是一样的吗？自我的体验和他人的体验，究竟哪一种学习才更令人印象深刻呢？

替代性学习

通过观察他人的语言、动作进行学习，用专业术语来说，这叫作替代性学习（Vicarious Learning）。根据自身的成功经验或失败教训进行学习，则被称为经验学习（Experiential Learning）。

替代性学习至少存在两点优势。首先，替代性学习可以降低自身遭受风险的概率。如果我们需要亲自进行所有的尝试，那其中成本实在不可估量。即便是在商业领域，因为一次尝试而犯下致命错误的例子也不在少数。越是高风险的事业，替代性学习就越是有效。

其次，替代性学习能够缩短我们的学习时间。通过观察前辈们的行动和结果，就能不花时间学到东西。如果遇到类似的状况，那么短时间内我们就能推导出同样的结果，甚至可以把其成果设定为自己的出发点，以它为跳板继续前进。艾萨克·牛顿（Isaac Newton）曾经就说过一句非常有名的话："我之所以看得更远，那是因为我站在巨人的肩膀上。"[1]

在商业领域，NITORI 的总经理似鸟昭雄也说过："活着的时间那么短暂，唯我独尊是行不通的。一定要从先例中学到教训。"[2] 果然，凡是擅长替代性学习的公司，也非常善于抓住能够引起创新的机遇。

在学术领域的前端，学者们一直在探索：包含替代性学习在内，究竟从哪里学习才能收获最多的成果。在第 8 章中曾经提到，就像"模仿的基本类型"那样，人们一直关注，当公司外部的、内

---

[1] 据说，这句话原本是由伯纳德（Bernard of Chartres）所说。书中曾记载，他说："我们都像坐在巨人肩膀上的矮子。"（上智大学重视思想研究所）
[2] 出自 2011 年度早稻田大学商学部捐赠讲座的演讲。

部的成功与失败并存的时候，到底向谁学习才是最有效的。

以铁路运输为对象的研究表明，当业内其他公司发生事故时，本公司就会采用一种崭新的方法来扩大探索的范围。这个例子告诉我们，即便其他公司遭遇失败，只要它是业内企业，那就存在值得我们好好学习的地方。

也有许多其他研究表明，比起成功，我们更有必要向失败学习。即便是在搭载人造卫星的火箭发射失败的相关研究中，也能看到同样的倾向。在这类研究中，我们也能估测到从学习到忘却的速度。虽然成功也同样值得我们学习，但是它被忘却的速度是比较快的。

那么，自身的失败经验和对他人失败的观察，哪一种学习方法更加令人印象深刻呢？通过对火箭领域的研究发现，即便同样遭遇失败，从自身的经验中吸取教训更能令人振聋发聩。

以上这类研究，虽然都根据精密的模型推算出了结果，但是关于模仿的测定方法仍旧没有一个定论，所以我们也期待着今后更加精确的研究成果。

观察多个模式

"到底向谁学习比较好呢？"若说要进行单纯的比较，其实这种提问的方式本身就有问题。从我们介绍过的事业创新的例子来看，所谓承担起老师作用的模仿对象，并不是只有一个。更遑论，只有把几种类型的模仿对象进行组合，才能得到更加明确的事业蓝图。

例如，模仿欧洲咖啡店的星巴克，至少就模仿了两种类型的范本。其中之一，就是存在于欧洲的模范教师。舒尔茨认为，在看到意大利的咖啡店之后，"把它带到美国就是我的使命"。

另外一种教师，是本国存在的两个反面教材。其中之一是星巴克自身，因为最初它只是一家单纯进行烘焙、销售咖啡豆的小卖店。舒尔茨顿悟到，自己还没有把在欧洲培养起来的咖啡文化很好地传达给美国民众，所以他决定要让美国人也能在店里享受咖啡。第二个反面教材，就是把工作人员当成工具的美国企业经营模式。当舒尔茨看见父亲在职场辛苦劳动的样子时，他就开始思考，美国企业的经营只重视股东的利益，普通员工拼命工作也得不到回报，这并不是企业经营该有的形式。

在罗多伦咖啡的创业过程中，也同样存在两种类型的老师。其中，模范样板是法国的"站着喝模式"的咖啡店，以及在店内提供现磨、销售服务的德国奇堡咖啡店。另一方面，成为罗多伦反面教材的则是日本咖啡业界日渐颓废的营业状态。"这样下去，日本的咖啡店就真的要完了。"鸟羽之所以参加了那次欧洲的考察工作，也是因为他怀有这样的问题意识。

大和运输的例子中，也存在优秀范本和反面教材。其中，作为范本的模仿对象，分别是吉野家、UPS和日航旅行社。而反面教材，则是公司本身拥有的低利润的大宗货物长距离运输业务。因此，大和运输对这项业务进行了自我否定。

此外，对强生公司来说，也存在两个"模仿对象"。其中之一是公司自有的即抛型商业模式，这也是强生的模范教师。另一个反面教材，则是市场上既有的隐形眼镜生产商。既有镜片生产商所提供的高品质镜片，眼部触感的确非常柔和，但是其价格过高、操作麻烦，镜片反而存在容易破损的风险。[①]

两种形象及其融合

如此，能够成为模仿对象的不仅有模范教师，还有反面教材，只有这两者同时具备，事业蓝图的规划才能更加清晰。同时，我们也能逐渐拥有自信："就是这个！"

那么，为什么模范教师与反面教材两者都非常重要呢？那是因为，好老师也好，坏老师也罢，如果只看一方面，很难作出判断。

大家可以想想，我们人类是依靠两只眼睛对所见事物形成正确印象的。由于右眼和左眼看到的图像存在一定差异，图像需要经过大脑的处理，才能生成一定远近距离的感觉。也就是说，根据两只眼睛的可视能力，我们的大脑会把左右视网膜上映出的形象进行处理，从而为我们修正、生成一个容易让人看到的图像。

在商业模式中同样存在这个道理。比起从一个视角看到的模式，多种视角同时观察，才更容易形成一个立体的模式形象。

之所以这样说，是因为好与坏，从来都是相对而言的。这样做会成功，反之就会失败，通过进行这样的比较，我们才第一次了解自己应该做些什么。[②]当我们遇到理想的商业模式时，之前自己所

---

① 在上一章中，我们曾将强生公司作为"横向展开"的案例加以介绍，实际上可以认为它的成功模式中存在两个"模仿对象"。

② 一般认为，观察者在观察了各种商业模式后，会选择一个值得参考的主要模式，但是有时它并不局限于一种，而会是多种模式。模式研究领域的权威专家班杜拉（Albert Bandula）曾经说过，"观察者倾向于将各种模式的诸多行动进行整合，从而学习到一种相对而言崭新的反应"。此外，Madsen and Desai（2010）的实证研究表明：过去越是曾经遭遇重大失败的组织，就越能从其他公司的失败中进行学习；相反，自己公司的失败经验越少，就越难以从其他组织的成功或失败经验中进行有效果的学习。这项调查结果也启示我们：经验学习与替代性学习的强强联合才是更有效的学习方法。

持有的反面教材的轮廓就会更加清晰。正是经过这样的过程，理想模式的形象才变得更加鲜明。这个道理，在星巴克和罗多伦等企业的创业过程中都是相通的。

我不希望大家只看到模范教师或者是反面教材。只有两者同时具备，才能产生"就是这个！"的事业蓝图。换句话说，我们也可以称之为"复数模式"。

守、破、离模式

蓝图绘制完成后，我们终于来到了实行这一步。不过，我们却并不一定就要完全按照蓝图的规划来实行。这是因为，蓝图越是新颖，它与既存的商业结构或思考方法之间就越容易产生矛盾。

那么，应该如何一边解决矛盾，一边画出更有效的事业蓝图呢？下面，给大家介绍一种被称为"守、破、离模式"的方法。

所谓守、破、离模式，首先需要进行彻底的模仿，在此基础上打破来自"模仿对象"的教导，从而确立起一种自己的模式。也就是说，从肯定"模仿对象"出发，经过否定，最后描绘出一幅与最初的"模仿对象"没有矛盾、完美统一的事业蓝图。

这种模式的来源，不用说，正是守、破、离。守、破、离是以禅宗的思考方式为基础，逐渐传播到能乐、茶道和武道的一种学习方法和思想。一般来说，首先我们应该忠实地遵守师傅的教导（守），然后故意去打破前人的界限（破），最后实现自我发展（离）。经由这三个步骤，最终达到一种自我的境地。借用 18 世纪日本的茶道大师川上不白的话，"师傅教会守，弟子将其打破，两者都离开这个境地后，重新达到融合"。

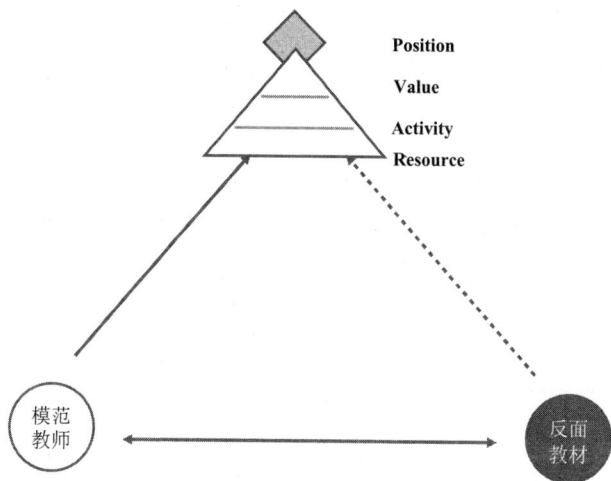

图 13-1　复数模式

星巴克的守、破、离

作为守、破、离模式的典型，我们可以参考第 12 章中提过的星巴克。舒尔茨最初的设想是在美国再现意大利咖啡店的舒适体验。因此，将店内座席全部设置为站着喝咖啡的形式，菜单选择意大利语，店内装修也是意大利风格，甚至对工作人员也要求佩戴蝴蝶领结。这可以说是把"守"的姿态贯彻到底了。

的确，在意大利或许人们期待的咖啡店都是这样。但是在美国，顾客认为歌剧的背景音乐有点吵，也有人希望店内能有可以放松休息的椅子，最好菜单也能改成英文版本。为此，舒尔茨在原有的基础上，不断对店内陈设进行修正。通过准备外带用的纸杯等举措，舒尔茨逐渐进入了"破"的阶段。

接下来，在提供咖啡饮品的过程中，舒尔茨逐渐意识到，星巴克自有其独特的味道。对星巴克来讲，最重要的一点，就是提供一个对美国人来说能够放松的场所。换句话说，也就是"第3场所"的事业理念。

经过这样的梳理，经营者在明确自我同一性的同时，企业的经营课题也逐渐明朗化。如果再开新店，星巴克需要更加宽阔的空间，准备更多的座椅。为了能让顾客在第3场所享受到咖啡所带来的浪漫，必须要让工作人员带着愉快的心情工作。最后，如果想要维持星巴克与顾客的稳定关系，公司就需要避免以加盟店的形式扩大经营。

在说服各方利害关系人之后，舒尔茨逐一解决了这些经营难题。这样，星巴克终于到达了"离"的阶段。

守、破、离与辩证法

德国哲学家黑格尔（Hegel）曾经提出的辩证法概念，实际上与守、破、离的思考方式是相通的。辩证法是一种用来理解事物发展与变化的方法，由三个步骤组成。它的思维方式是，首先，我们需要明确一个命题（Thesis）。然后，提出与之相对的反命题（Antithesis），提取出问题或矛盾。最后，从相对高一级的维度消解矛盾，从而推导出综合命题（Synthesis）。

这样的解说或许听起来有点难以理解，但是我们可以看出，它和上文解释过的守、破、离模式在思维方式上是非常相似的。[①] 两者之间的差异，或许只有守、破、离诞生于东方而辩证法诞生于西方这一点罢了。

不过，提到辩证法，看起来相对突出的是从既存命题中抛出的对立命题。在辩证法中，比较重要的一个侧面是，需要通过特意的逆向行动来产生物力论。而这一点相比守、破、离来说，其中反面教材的存在感更强，也更容易让人感觉到——正是它才能成为创新的契机。

格莱珉银行的辩证法

作为辩证法经营模式的典型例子，我们可以看看第 8 章中提到的格莱珉银行。银行创立者尤努斯，通过彻底调查既存银行的贷款业务的情况，终于摸清了它的经营边界。由此，尤努斯决定将那些对既存银行来说风险高、无法成为交易对象的人士作为融资对象开展业务。也就是，面向挣扎在贫困线上的女性，经营无担保的小额融资事业。

建立这样一种经营模式的想法，对既存的金融行业来说就是一个强烈的反命题。在孟加拉国，出于宗教上的原因，妇女几乎不能一个人出门，也不能和丈夫以外的男性直接进行对话。所以，在这样的社会环境中，很难想象妇女为了经商或经营家庭会有借钱需求。此外，即便存在这种需求，银行也不可能进行无担保的融资。

---

① 关于活用辩证法进行经营实践的内容，可以参考野中郁次郎·绀野登（2003）的《知识创造的方法论——知识分子的做法》一书。其中，在这项研究中，他们也陈述了守、破、离模式和辩证法的相似性。

一般认为，这种操作产生坏账的风险非常高。

但是，尤努斯却认为这样的认识是错误的。的确，想要促进女性在这样的社会中有所作为是需要花费大力气的，但是也不能就这样满足于现状。在尤努斯看来，孟加拉国的女性存有非常强烈的自立自强的潜在需求。此外，在无担保这一点上，尤努斯感觉到，越是面临生死关头的女性，越会感觉到这是最后的机会，因此她们一定可以努力地奋斗，争取按时还贷。通过这样的思考，尤努斯向银行既存的做法一步步抛出自己的疑问。

但是，对于这种并没有借贷、还贷习惯的顾客，究竟应该怎样回收资金呢？如果按照现有的办法，不仅会加大银行职员的负担，也不可能将其培养为一种独立的事业体系。面向贫困阶层进行融资的"不可能"和"可能"之间，就产生了矛盾。

因此，尤努斯决定首先让顾客能够一点一滴地逐步还贷。如果让借贷人切实看到需要还款的数额正在减少，就能让他们从中感受到喜悦之情，由此可以逐渐培养出他们的商业习惯。其次，通过结成互助小组，也能实现借贷人之间的相互监督。这样一来，不仅培养了借贷小组的自律性，也能减轻银行职员的负担。

可以说，通过这样的智慧和操作，格莱珉银行到达了综合的领域。通过实际操作发现，其中坏账的风险比预期要低得多。

用 P-VAR 方法建模

运用守、破、离模式带入远处的正题也好，运用辩证法逆向操作近处的模式也罢，从自己与参考模式之间的关系中，描绘出我们应有的姿态才是最重要的。其理想状态，就是实现一种与现状有所区别的状态，并从中生成某种矛盾。将矛盾明显化，从高级维度进行消解，就是守、破、离模式。

这一节，我们将把第 5 章中介绍的 P-VAR 模式与守、破、离模式结合起来进行分析。从现状分析开始，在参照模式的基础上，描绘出自己事业的蓝图，之后再进一步明确矛盾，并解决它。将这种分析过程整理一下，我们可以得到如图 13-2 所示的流程。

在守、破、离模式中，分别存在以模范教师和反面教材为起点的两种方式。将远处当作模范也好，将近处反向实施也好，最关键的一点，就是我们要明确矛盾、消解矛盾。

①分析现状、明确课题　　　　②探索、参照　　　　③绘制蓝图

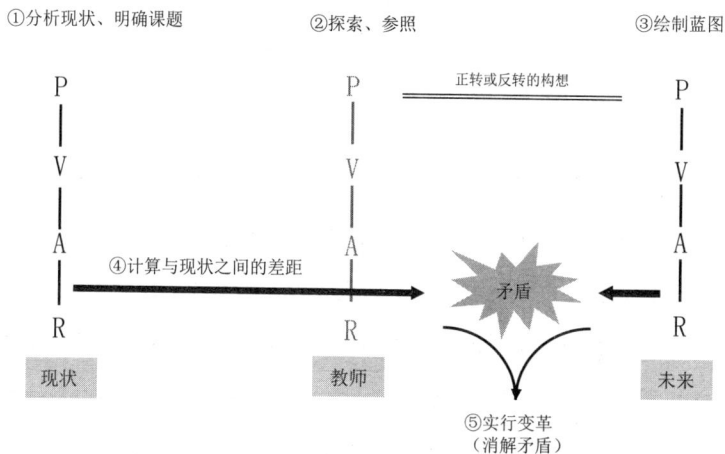

图 13-2　从模范或反面教材出发的守、破、离模式

步骤一是"分析自己公司现状、明确课题"。通过运用 P-VAR

的结构，我们可以提前明确：现状的位置、面向顾客的价值提案、收益活动以及经营资源。

步骤二是"探索、参照"。寻找合适的模仿对象，通过运用P-VAR的结构，明确商业模式中的各个要素。

这时需要注意的是，我们需要选择哪家公司、哪种事业类型。若是选择一项模糊不清、尚未成功的事业，只能得到一个半途而废的构想。若是想要学习模仿模范教师的例子，就应当选择一个在遥远世界中和自己在本质上存在共通点的事业类型。

相反，在从反面教材学习的情况下，如果它是平常就在一直关注的竞争对手，那当然没问题。如果不是，那就需要提前了解到，在这种模式下优点很有可能会转化为缺点。如果想要提出别具一格的提案，那就应该参考特色鲜明的商业模式，并对其进行反转。

步骤三，是描绘蓝图。这一步，只需要我们把已经分析过的P-VAR事业图中的任何一项原样拿来、进行逆转就可以了。

所谓生意，没有顾客也就无法成立。一般来说，建立一项事业，应该从关注市场定位或面向顾客的提案价值入手，然后再进行整体事业的规划。需要特别注意的情况是，在希望对某家公司进行逆转操作时，你发现在业内早已有其他的竞争对手存在。虽然不是绝对，但是这种时候为了避免竞争，还是应该探寻除此之外的市场定位，这样更容易实现较高的利润率。

在这种情况下，我们必须注意不要纠结于能否实现，而是要一鼓作气尝试着规划出自己的理想型。实际上，有时候不仅仅要在脑海中设计，更应该一边实践一边修正，这样才能获得更加明确的结果。

步骤四是"逆向计算理想与现状之间的差距"。通过比较理想的事业模式和自己公司的现状，才能将矛盾进一步明晰。为了实现理想的事业模式，有时我们必须克服一些不可避免的障碍。只要明确了妨碍事业的瓶颈在哪里，我们在考虑其对应策略时会更加容易。

步骤五是"实行变革"，或者说是渐进性地解决已经逐渐明朗化的瓶颈和矛盾。这一步的重点是，不要轻言放弃。在这一过程中，或多或少都能实现一些创新活动。

对以上五个步骤进行梳理，我们可以得到如表 13-1 所示的事例分析图。这些步骤的产生是基于守、破、离模式，或者说是辩证法模式。换句话说，是根据一种创造知识的方法整理而成。首先，我们把既存的"模仿对象"的事业结构当作正题（守、命题），把站在对立面的、逆转后的构想当作对立命题（破、反命题），通过消解两者之间产生的矛盾，最终可以得到一个综合（离、综合命题）。

表 13-1 守、破、离模式的举例

Step	步骤一 分析现状 明确课题	步骤二 探索、参照 （分析模仿对象）	步骤三 绘制蓝图 （设计模式）	步骤四 逆向计算理想与现状之间的差距 （抽出矛盾）	步骤五 实行变革 （消解矛盾）
星巴克	食品原料杂货店 ·与咖啡文化无缘的批发业	欧洲的咖啡店 ·意大利的浓缩咖啡厅	第3场所 ·轻松交流的场所	实现服务比较困难 ·维持服务的水准、保持与顾客之间的联系比较困难	酝酿轻松氛围 ·直营店 ·与顾客的联系 ·与工作人员的信赖关系
罗多伦	颓废的咖啡店 ·环境昏暗、制度不健全 ·定价高昂	欧洲的咖啡店 ·法国的咖啡厅 ·德国的咖啡店 ·瑞士的工厂	提供安宁与活力的店 ·150日元一杯、站着喝的方式 ·工作前来一杯	难以确保收益性 ·以低廉的价格很难确保良好的收益	提高翻台率的智慧 ·在黄金地段开店 ·自助服务 ·机械化操作、减轻劳动负担
大和运输	中元节与年末的物流 ·季节性波动大 大宗长距离运输 ·利润低	多家商业模式 ·UPS ·日航旅行社 ·吉野家	次日配送的宅急便 ·面向一般个人的到家配送服务 ·家庭主妇也容易理解的服务	偶发性、分散性 ·到家配送需求是偶然发生的 ·揽件后才知道配送地点 ·不掌握能实现次日送达的方法	服务优先、利益置后 ·轴辐式运输网络 ·以"服务优先、利益置后"的方针提高货物密度
格莱珉银行	传统银行 ·向有钱的男性，在有担保的前提下，尽量实行大额贷款	传统银行的逆转 ·向挣扎在贫困线上的女性实行无担保、小额贷款	无担保的小额贷款 ·完善、推广制度，拯救全国	无担保的资金回收风险 ·债权的回收风险 ·面向农村的营业成本	发挥团队的作用 ·5人结成1组 ·选择真正贫困的女性进行放贷

伟大的创造者精神

模仿，也可以说是"类推"或者"知识转移"。有时也可以说是借用、参考。

但是，在多种多样的措辞中，我采用"模仿"一词是有缘由的。一言以蔽之，是由于重视当事人的意图。从由模仿而成功的当事人的角度来说，我感觉他们并不一定都是用类推或者参考的心理去面对经营。至少，在我所调查范围内的"伟大的公司"的创始人们，总会让人觉得要更加认真、更加主动地（把事业）当作自己的事而全情投入进去。

对我而言，我希望读者能够感受到"模仿"一词具有以下微妙的含义。

· 比起"知识转移"，要作为自己的事情去面对；

· 比起"作为参考"，要态度认真；

· 比起"借东西"，要有成为自己的东西的志向；

· 比起"类推"，要实际地付诸行动。

最为重要的一点，我认为是一种向师傅进行彻底学习的姿态，正如守、破、离模式中所展现的那样。模仿，需要我们直面"现场、实物、现实"，如果没有谦虚的态度和不顾形象埋头苦学的心理准备，是不可能做出任何成绩的。正是因为如此，我才说模仿就要深入到肉眼看不到的地方，在抽象与具体之间做往复运动。

第 **14** 章　反转——把优秀的模仿对象当作反面教材

　　无论多么"优秀的模仿对象"，也不可能完美无缺。因此，找到既存的商业模式中不够完美的地方，就很有意义。因此，为了找到在此前的服务中尚未完全得到满足的需求，即便是优秀的模仿对象，我们也要从中找到缺点，进行逆向思考。

　　这种方法从某种意义上来说，也可以称为从反面教材入手进行建模。所谓的反面教材，一般是指进行了错误操作的人，但是并不仅仅是失败的商业模式才可以作为反面教材。如果我们故意把优秀范本当作反面教材，也是很有意思的。

　　说起来，被格莱珉银行当作反面教材的传统银行，决然不是失败的。甚至可以说，它其实承担着经济基础设施的重任。除却贫困阶层，可以说它对大多数人来讲都是一种有效的商业模式。

　　那么，为什么它可以成为反面教材呢？这是因为传统银行不可能向贫困阶层进行无担保的融资行为。

　　在商业现场，如果能在竞争对手无法到达的地方进行自我学习,是一件非常好的事情。

正如我们已经介绍过的那样,格莱珉银行把传统银行的"理所当然"全部进行了"逆转"。如果遵循此前"无担保就无法融资"的做法,就没有办法拯救那些生活在水深火热中的女性群体。

传统的银行,总是以有钱的男性群体为交易对象,进行有担保的大额融资交易。格莱珉银行把这种经营模式作为反面教材,对贫困的女性以无担保的形式进行小额融资交易。为了呼吁她们能够及时还贷,在担保方面采取了 5 人结为 1 个小组的形式,让借贷人彼此互相随时监督还贷是否及时。

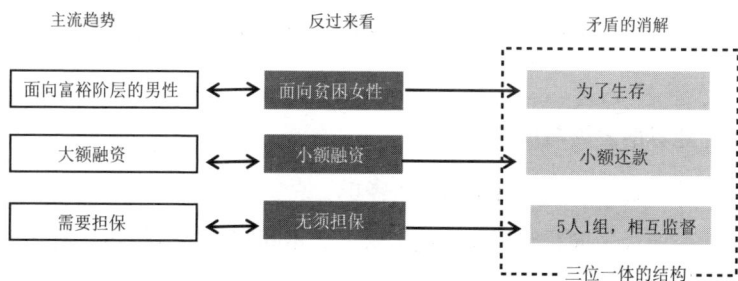

图 14-1　格莱珉银行的逆转构想

逆向市场定位有效的理由

从近处发现反面教材,这对商业来说是一种非常有效的办法,其原因如下。

第一点,这样很容易产生灵感。通过挑选出别具特色的商业模式,将其反转后就能得到新构想的起点。关于近处的商业模式,平常认识它的机会就比较多,理解也相对深刻。此外,这里所说的"逆转",由于也是日常生活中经常发生的思考方法,所以也更容易产生灵感。

第二点，不需要与竞争对手"作战"。把某种商业模式当作反面教材，赢得与之相反的位置的话，那么或多或少我们都能回避与对手的竞争过程。实际上，格莱珉银行就是站在了与传统银行完全相反的位置上。二者的顾客群体完全不同，所以也完全没有必要竞争。

不仅如此，根据反面教材诞生的商业模式，比较容易维持二者互惠共生的状态。新生者站在原来公司的对立面，对于原公司来说，新公司有很多地方都难以模仿。例如新公司更强调与之前完全不同的商业操作，或者需要原公司并不掌握的经营资源。原公司模仿新商业时往往会与其之前的业务发生冲突，所以原公司并不能轻易效仿。

业界的发展与反转

关于这一点，在这里我想再多说一点。

企业为了迎合眼下顾客的需求，会不断磨炼经营技巧，最终建立起自己独特的事业结构。一旦企业找到了最适合顾客的事业结构，想要再改变它就很困难。特别是，当这项事业被证实可以收获巨大的成功时，也就越难以自我否定的方式进行变革。[①]

比如，如果传统银行想要利用格莱珉银行的方式进行融资活动就很困难。为了细致地完成小额融资回收活动，需要付出时间成本。一边想要维持现状下的工资体系，一边还想增加银行职员实现精细回收，那就更是难上加难。

---

① 过去的成功经验会促使企业产生战略固执（Strategic Persistence）倾向，这会给企业今后的表现带来负面影响。

如此我们就可以了解到，当你想要进入某个市场时，最好是能采取与既存企业相反的市场定位。这样的做法既能保证自己在一定的市场分区中获得较高的独占性利益，也能让双方企业彼此都保持愉快的心情。实际上，回顾业界的发展史，每一个新兴市场诞生之后，总会有很多例子以反转、再反转的形式推动市场的发展。

之所以产生这样的现象，理由之一，就是新生公司能够满足此前未被完全满足的价值需求。理由之二，是把既存价值作为前提，总会触发其他需求，这样就诞生了提出具有新价值提案的市场空间。

假设历史总是或多或少按照这样的理论不断被重复的话，那么以这个理论为前提，我们就可以为新事业建模、设计。这就是根据反转思想的建模活动。通过进行与现存行业内的公司完全相反的操作，可以引起业内的创新反应。[1]

---

[1]　在硬盘驱动等领域，为什么可以肯定地说，一个世代的创新者必定在下个世代中失败呢？克莱顿·克里斯坦森（Clayton. M. Christensen）对这个问题一直抱有疑问。经过调查发现，这是因为企业一般会比较重视利润率高的顾客分区，经常听取这类顾客的意见、然后采取应对办法，这是一种常见的企业姿态。在某一商业领域称霸的创新者，不会再去关心那些既存顾客无法接受的、具有破坏力的新技术，而只会一直延续面向既存顾客的持续性的创新，这样就会导致企业最后提供品质过剩的产品，于是企业利润也一落千丈。

栗木契（2012）曾在一篇论文里说过，某一事业的成功，常常会改变市场竞争环境的基本前提，而这种改变又会催生出新的市场机会。这样，出于市场自发性的推动能力，也会催生出将竞争对手的长处变为短处、将自己的短处转化为长处的机会。在这篇论文中，栗木是从社会学的"无意识的结果"角度出发，试图阐明市场的转化机制。

笔者认为，逆转的方向不只有 1 个，也可以有前·后、左·右或上·下等各个方向，用 P-VAR 图示也能展示出这种逆转的模式。所谓的前·后，是指从产品开发到售后服务的垂直产业链中存在的逆转构想（其典型是统合或分离）；左·右是指在竞争对手或补充性生产者之间所存在的逆转性构想（竞争或合作）；上·下则是指在创造新市场或不良低价竞争中所诞生的逆转性构想。

戏剧性的再逆转

下面，我们来看看手表业的发展史。曾经一段时间内，没有企业能够赢过瑞士的机械式手表，瑞士手表以能够精准地显示时间而驰名世界。但是，瑞士手表的神话，终于还是败在了日本生产商所拥有的石英表的生产技术之下。

面对此事，遭受毁灭性打击的瑞士手表生产商，迫切需要采取应对办法。其中一部分生产商，被日本的企业同化，开始推进石英表的生产。但是，还有一些聪明的生产商，运用逆转的思想，打出了时尚性与品牌性的双重招牌。当手表的"准确性"已经达到顶峰，并且其本身已经成为一种日常生活用品之后，瑞士的生产商认为，接下来，作为一种装饰品，这种机械式的美感还是一种稀缺品，生产商可以以它为卖点卷土重来。

此后，注重推进石英手表发展的生产商们，逐渐陷入价格战，最终失去了市场竞争力。而另一方面，注重自己品牌管理的厂家，把手表作为一种时尚商品推进市场，大获成功，重获了市场主导权。

在大型摩托车的发展史中，我们同样能够看到这样的故事。以前，在美国，人们认为只有那种穿着黑色皮夹克的男人才会骑摩托车。不管从好的意义还是坏的意义上来说，摩托车总是代表着一种大男子主义或者无视法律的价值观。在表现政治运动、模仿西部片的嬉皮电影《逍遥骑士》（*EasyRider*）中，骑着哈雷（Harley-Davidson）重型机车的骑手横穿美国大陆，这一场景给观众留下了深刻印象。

另一方面，在日本，摩托车不过是一种普通民众出行的必备工具罢了。因此，从某种角度上来说，本田公司为此切合实际地研究、开发了一款面向城市短途用车的小型摩托车。这种车在大洋彼岸的美国人看来，可以说是一种逆转性的构想了。

当然，本田公司自己也意识到了这一点。公司认为，只有大胆地进行市场定位，才能成功开拓美国市场。因此，通过在名为"LIFE"的高品位生活杂志上刊登摩托车广告，在奥斯卡金像奖的电视广告上进行宣传，本田公司做了一系列作为摩托车生产商不应该做的事情。这样，摩托车也终于在美国民众中得到普及。

但是，随着摩托车的普及，哈雷公司也从逆转的构想中展开创新活动。摩托车不再作为一种独立的交通工具进行销售，而是要向市场提供一种"拥有哈雷的生活"。换句话说，就是从"物品"志向到"心情"志向的转变。在美国，哈雷公司组建了一个哈雷车主会（Harley Owners Group），通过充分利用顾客共同体，来最大限度地发挥哈雷品牌的价值诉求。

这样，当新兴市场诞生之后，有很多事例表明业界会以逆转、再逆转的方式发展下去。用简单的比喻来说，在看到白色圆形产品之后，作为逆转，就会出现黑色的圆形产品。之后，再次逆转，就会出现黑色的方形产品；进一步逆转，又会出现白色的方形产品；最后，市场趋于饱和（见图 14-2）。

当然，说到逆转，也不是所有的东西都可以拿来逆转。在构筑下一代的新型事业结构时，有一部分会继承前代商业模式的存在方式，另外一些重要的部分则通过对其进行逆转来得到。

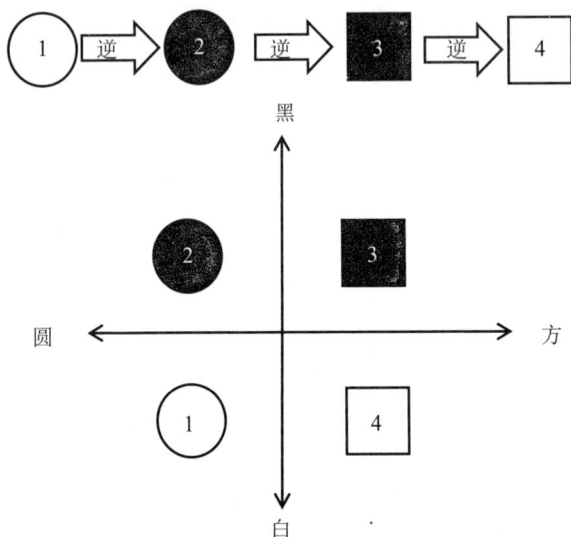

图 14-2　逆转与再逆转

即便是公认的创新者的典型——任天堂，也是通过这样部分逆转的商业模式才打开了家用电视游戏机（video game）的市场。^①接下来，让我们来看看游戏界的逆转传奇。

任天堂的部分逆转模式

1983 年，任天堂发售的"红白机（Family Computer，简称 FAMICOM）"是日本市场上第一个家用电视游戏机。任天堂的游戏机之所以能够大受欢迎，原因主要有两点：第一，硬件与软件分离，通过一个硬件可以玩多款游戏；第二，从此可以在家里玩到游戏厅

---

① 在游戏产业中，业界的主导权基本上是从雅达利到任天堂、到索尼，之后再到任天堂的顺序进行传递，呈现出一种逆转再逆转的商业模式。

里好玩的游戏。

最初，这些不过都是模仿美国雅达利（Atari）公司的产品而已。1977 年，雅达利公司发售了一款名为"雅达利 2600"的游戏机。这款游戏机软件与硬件分离，通过从游戏厅移植的太空侵略者（Space Invaders）等游戏，逐渐打开了市场。

雅达利的卓越之处在于，它把硬件平台开放给游戏软件开发商，允许他们自由开发各种软件。因此，市场上很快就出现了各种各样的游戏软件，用户数量也直线上升。

但是，这种开放政策过于极端。由于太过放任自由，公司无法对软件品质进行管理，由此市场上甚至出现了一些不具操作性的不良商品。

游戏这种东西，如果不买回来玩玩看，就不能了解其价值如何。如果买来的游戏不好玩，用户就会感到失望。再加上有时候还会买到动作不流畅的游戏，那很可能用户就没有二次购买的欲望了。一旦质量差的软件上市后，很快它就会被卖到二手市场，这样就会引起软件价格的崩盘，受其影响，新产品也卖不出去。1982 年圣诞节的价格大战之后，雅达利公司迎来了大幅度的价格崩盘，公司业务也停滞不前。

任天堂一方面把雅达利的优点当作"模仿对象"，一面又从它的失败中吸取教训。在移植游戏厅的人气游戏这一点上，任天堂是忠实地进行模仿的。

然而，为了保证软件品质，在软件开发体制上，任天堂逆转走向了比较封闭的体制。

1983 年，任天堂游戏机发售的初年，公司就出了 9 款游戏，而且全部是任天堂公司自己开发的产品。其中，就有从游戏厅移植来的"大金刚系列（Donkey Kong）"和日后成为公司顶梁柱的"玛丽奥兄弟（Mario Bros.）"。这时的电视游戏机市场还没有完全成熟，所以公司认为，用户买回家的游戏必须是好玩的，是"一发即中"的。

当然，也不能所有的游戏都由公司自己开发。若是让员工强行工作，开发出不好玩的游戏，那就本末倒置了。

因此，1984 年，任天堂逐渐开放了操作平台，通过发放许可的方式，软件数量开始增多。在这过程中也不是一口气开放，而是逐步添加具备开发能力的软件生产商。任天堂与这些生产商约定，公司需要审查软件内容，每年开发的软件数量也必须在 1 个至 5 个之间。与雅达利公司形成对比，任天堂实行的是彻底的少量优质策略。

事实上，即便游戏项目保持少量优质，一旦供给过剩，也会引起价格崩盘。生产插入式磁带游戏盘一般需要两三个月，所以为了保证在圣诞节和正月的激烈商战中不缺货，软件生产商会略微加大生产量。

于是，为了避免供给过剩，任天堂决定让生产商把软件生产全部委托给自己。如果由任天堂进行生产，就不会出现劣质商品。在生产数量上，任天堂也跟生产商达成协议，力求控制好出现在市场上的软件数量。此外，由于已生产的软件库存风险由生产商自己背负，因此也很难发生下单过量的情况。

以上这些措施，就是任天堂采取的逆转模式。红白机为公司带来了无可比拟的巨大成功。不仅仅是在日本，它更是在世界范围内催生出一种新的产业。

索尼的逆转模式

对任天堂进行逆转的，是索尼电脑娱乐公司（Sony Computer Entertainment）发售的"PS 游戏机（Play Station）"。

最初，索尼公司由于负责为任天堂的超任游戏机（Super Family Computer，中文译作超级任天堂，简称超任）开发只读光盘（CD-ROM），因此与任天堂公司存在合作关系。但是，随后任天堂单方面解约，索尼由此开始进入家用游戏机市场。

因为之前的合作，索尼对任天堂商业模式的长处和短处都十分了解。在经过公司内部充分讨论后，大家一致认为任天堂的红白机主要存在两个问题。

第一，一发即中的管理体制，阻碍了游戏软件开发的多样化发展。任天堂一直以来坚持少量优质路线，要求具备开发能力与一定资金规模的软件开发商必须以"一发即中"的方针进行游戏开发。这样做的弊端在于小型生产商无法参与开发活动，市场上也很难出现独具特色的游戏软件。

第二，人气软件的缺货状态容易导致零售店的过度下单。为了避免价格崩盘，任天堂对于软件的生产数量控制非常严格。生产商为了避免供过于求的风险，也会慎重决定生产量。如此一来，即便是销售不错的软件也会经常缺货，而预计到这一点的零售商就经常弄虚作假、过量订货。

表 14-1　雅达利、任天堂、索尼的 P-VAP 分析

		雅达利	任天堂	索尼
P	顾客	儿童	儿童	从儿童到成人
	竞争	Coleco（美国）	无（以市场创造为使命）	任天堂
V	提案价值	高品质、低租金	"在家也能玩大金刚"	从儿童到成人，想玩的游戏在必要的时间、以更便宜的价格就能玩
A	成长动力	彻底的开放政策 ·对游戏厅游戏(如太空入侵者、Pac-Man)的移植 ·开放程序平台，任何人都可以自由开发软件的管理体制	配备第三方企业 ·限制每年开发的游戏数量 ·用户监控制度 ·发行相关杂志	更加开放的研发体制 ·低价的开发工具 ·索尼进行收购 ·追加生产、追加补充
	收益动力	通过硬件销售获得收益 ·通过提供拦截软件和第三方软件来扩大平台	一发即中体制、规避风险 ·委托生产制度 ·发放许可获得收入 ·收购软件企业降低风险	软件多样化、突发性的成功 ·多种尝试体验 ·合适时机的追加补货，增加机会
R	经营资源	插入式磁带技术	插入式磁带技术	尖端科技、CD-ROM

的确，在游戏机市场的成长期，为了能够得到用户的信赖，以少量优质的方针控制供给数量是一种有效的经营手段。但是，红白机出现 10 年后，游戏机的乐趣已经为市场所熟知。在游戏发售的同时，市面上已经开始出现与游戏相关的测评杂志，可以说，这时的游戏市场已经走向成熟，生产商可以放心地把软件的选择权交给

用户。

因此，索尼通过构建起一种与任天堂相反的事业结构，解决了这些问题。首先，索尼制定了一种更加开放的软件开发体制，力争开发各种各样的游戏软件。其中包括：向小型软件开发企业开放门户，为它们创造更多便利条件；为了实现以个人电脑为基础的游戏开发，索尼方面尽量缩减开发企业的初期投资，并为他们提供开发用的程序，进行基础设施的支援。

其次，为了避免人气软件出现缺货情况，索尼制定了必要的软件、在必要的时间、提供必要的数量的销售策略。与任天堂的插卡式磁带不同，索尼通过使用 CD-ROM 载体缩短了产品的采购时间。在物流方面，索尼公司自己开展了批发业务，促使商品的追加生产和补货生产都能在一周之内完成。

CD-ROM 的优势并不局限在采购时间的缩短。与插卡式磁带相比，其生产成本也比较低廉。一个插卡式磁带的生产成本大约在 2000 日元至 4000 日元之间，而一张 CD-ROM 的制作成本只有 900 日元。

在降低生产成本的基础上，只需分批多次生产就能满足销售需求，这样就大幅降低了供过于求的风险。即便如此，对于中小软件生产商来说，买进设备的必要资金和供过于求的风险还是一种很大的负担。于是索尼决定，只要是具备开发能力的企业都能参与到游戏开发中来，开发出来的软件则由索尼全部买进。通过这样多元化的支援手段，索尼终于把许多中小企业也拉进游戏开发的队伍中来。

游戏机销售初期，卖得并不太好，但是随着软件品种的日渐丰富，索尼的势力逐渐铺开。特别是，此前面向任天堂游戏机开发的喀普康（Capcom）公司的"生化危机（Bio Hazard）"和史克威尔（Square）公司的"最终幻想Ⅶ（Final Fantasy）"两款游戏，当其面向索尼 PS 游戏机重新发售后，风向就此改变。接下来，这种良性循环的影响如滚雪球般越来越大，索尼也终于从任天堂那里争夺过来游戏机市场的主导权。

其后发售的"PS2"完全继承了索尼 PS 游戏机的商业模式。只不过，索尼把"PS2"的市场定位设为综合娱乐设备，并为它搭载DVD，从而大幅度提升了其娱乐性能。虽然这款游戏机开发费用高昂，但是更加真实的画面，也促使市面上诞生了更多动感十足的游戏软件。

任天堂的再逆转

到了 PS2 时代，索尼依然占有市场优势，但是这种优势却逐渐显现颓势。为了回收高昂的开发费用，索尼增加了很多面向核心玩家的高难度游戏软件。此外，游戏手柄虽然设计优良，但是随着按键数量的增多，其操作难度也变大了。虽然市场公认难以通关是一种游戏的美德，但是这样的游戏也不再是任何人都能享受其乐趣。

以此为开端，游戏产业的市场范围越缩越小。比起电视游戏，年轻人开始更加沉迷于手机游戏。

任天堂对这种现象感到忧虑。游戏，已经不再是人们日常生活中的一部分。在红白机时代，大家曾经抢着手柄来享受游戏带来的乐趣。如今，没有争抢，大家只是互相推让罢了。

经过深思熟虑，这一次任天堂决定对索尼的 PS 游戏机进行逆转，上演一出再逆转大戏。其基本的事业理念是，让此前对游戏没有兴趣的人也能发现游戏的乐趣。在游戏手柄的设计上，任天堂抛弃了复杂的设置，而是以大家比较熟悉的电视遥控器为原型进行设计。如果对象是电视遥控器，那老爷爷老奶奶也会随时拿起来进行操作。妈妈们也不会再对它感到恐惧。

此外，在游戏方法上，任天堂希望玩家能在电视前面齐聚一堂，甚至在观看其他玩家的操作时也能体会到乐趣。也就是说，任天堂想做大家都能玩的游戏，甚至是深入到日常家庭生活中的游戏。这样，就诞生了一款名为"Wii"的游戏机。由于"Wii"与"We（我们）"发音相同，这个名称实际上含有包括自己在内、大家一起来玩的寓意。

下一步，最重要的还是软件。软件方面，为了能让更多的开发商参与进来，任天堂采用了开发负担较轻的硬件设备。为了吸引开发商，公司还为它们配备了开发工具。

事实上，在走到这一步之前，任天堂已经有过惨痛的失败教训。在超级任天堂这款设备之后，公司又开发了一个名为"任天堂 64"的超高难度游戏机，与索尼的 PS 游戏机相比，这款设备在开发、销售环节中采取了更加封闭的体制。

即便是任天堂这样的大公司，可能也被红白机的巨大成功冲昏了头脑。在看到索尼 PS 的开放体制之后，任天堂认为这将会是"又一次雅达利冲击的前兆"。公司预测，不久，索尼的游戏软件将陷入粗制滥造的局面，为此自己应该更加坚定地坚持少量优质的方针，进行"任天堂64"的开发工作。

非常遗憾，这种预测完全落空，而任天堂也从这次失败中学到了教训。在彻底的自我否定之后，任天堂采取更加开放的体制，研发了继"任天堂64"之后的又一款游戏机型"GameCube"。GameCube本身并没有特别的突出之处，但是它的开发工具在之后的Wii机型中大展身手。由于采用相同的开发工具，软件开发商就能同时开发适用于两款机型的游戏，这一策略也得到了更多厂商的支持。

施乐的商业模式

在打印机领域，我们也能观察到同样的逆转剧情。毫不夸张地说，这里存在更加明显的逆转模仿的连锁反应。[1]

20世纪50年代，一般办公室里使用的打印机都是被称为重氮式（湿式）的打印机。其机器价格本身比较便宜，光线强度则以青色字体的浓淡表现出来，打印速度也比较慢。因此，为了提高打印的质量与速度，施乐（Xerox）公司的工程师开发了一种名为静电复印术（xerography）的技术，它可以促使碳粉在纸张上呈现电子排列分布。

---

[1] 复印机的事例，已经成为谈到商业模式的创新时最经典的案例之一。国外的研究者也非常关注施乐和日本复印机生产商的创新活动，并且不断从不同的视角对其提出新的阐释（Chesbrough,2003; Markides and Geroski, 2004）。

笔者利用P-VAR图示、根据辩证法（守·破·离）的原理，对复印机的逆转模式做了整理。包括本书中介绍的施乐与佳能两家企业，也是分别抛出了作为对立命题的反命题，在发展性地消解从中衍生出的矛盾的过程中，逐步构建了自己新的事业结构。

　　使用这项技术，打印机的生产成本将大幅提高。其中，机器本身的成本价格将会达到之前的 6 倍，而此前机器的储存方法也不再适用。[①] 在此之前的打印机生意，就像剃须刀一样，除了机器本身会产生利润，作为一种消耗品，其利润也会不断延伸下去。如果机器本身价格过高而无法普及，那么可以认为，这种收益模式也将不再适用于打印机产业。

　　曾经有一家咨询顾问公司说过，施乐的商业模式不可能获得成功。但是，施乐的工程师没有放弃。他们始终坚信，人们需要更高品质的打印机。于是决定，向政府和大型企业出租这种打印机。

　　租金控制在每月 95 美元，一旦每月印张超过 2000 页，则每页增收 4 美分。这样，施乐创造了一种划时代的收益模式。

　　但是，在这种收费体制下，如果客户没有巨大的复印量，公司也无法产生利润。

　　在那个年代，打印机尚未普及，人们对它的操作方法也不太了解。因此，施乐公司以从产品、服务与供应三方面提高收益为前提，组建了一支直营的销售团队和服务小组，以期挖掘市场更广阔的需求。并且，为了实现完善的售后服务，公司还配备了一个覆盖全美的服务网络。

---

①　这里所说的"在此之前的储存方法"，在学术上一般采用支配逻辑（dominant logic）进行讨论。这个概念由 Prahalad and Bettis 提出，他们给出的定义是，"公司高层是企业行动的指针，包括在决定事业概念的方法上以及重要资源分配的决定上"。也就是说，这是一种类似来自于公司高层所坚信的胜利的方程式一类的东西。
　　亨利·切萨布鲁夫（Henry Chesbrough）（2004）对支配逻辑的说明是，"它是一种关于企业如何增强竞争力、提高利益的，在企业内部占支配地位的思考方式"。这与本书中提到的"赖以生存的业务"是比较类似的概念，加护野（1988）则认为它是事业规范的构成要素之一。

这就是施乐公司基于逆转构想的成功传奇。现在反过来看，这种商业模式的设计理念似乎很好理解，但是在当时，施乐公司其实背负了相当大的风险。如果顾客量不够大就不可能盈利。可以说，正是由于施乐公司坚信只要提高复印质量，利用率就会上升，他们才能谨慎地设计出这样的事业结构，并且成功扩大了市场需求。

不久之后，施乐公司的生意发展顺利，基本上独占了面向政府和大企业的市场份额。换句话说，施乐公司成功抓住了这种销售规模庞大、利润率高的生意市场。

佳能的商业模式

施乐在打印机市场独占鳌头，勇于对其发起挑战的是佳能（Canon）公司。佳能的创业理念与施乐正好相反，它主要面向中小企业和个人发展打印机业务。[①]从常识来说，这样的生意很难成功，因为其市场对象看起来并不具备让公司盈利的可能。实际上，如果要以中小企业和个人为业务对象，就必须降低产品价格。而且，如果不能保证产品的耐用性，也无法吸引个人用户。于是，佳能为自己定下的事业目标是：每提高一点关乎品牌信赖度的产品质量，就要降低一点产品的价格。同时，公司对产品开发团队提出了许多要求，比如产品需要面向未来，尽早实现彩色打印；产品要更轻、更小等。

但是，要完善服务网络，实现满足所有个人用户需求的目标，需

---

① 野中郁次郎·竹内弘高（1996）十分关注知识创造过程中隐喻·类推的作用，在迷你复印机的硒鼓制造、创新过程中，他们认为啤酒罐的类推起到了重要作用。啤酒罐和打印机的硒鼓一样，都是用铝制成的，所以可以认为，关于硒鼓的制造工艺，很可能是从啤酒罐中获得的灵感。

要巨大的前期投资。怎么看来，佳能的商业模式都不太会获得成功。

于是，佳能的工程师对市场进行了深度调研。结果发现，打印机的所有故障，基本都集中在负责给碳粉打出烙印、传送纸张的硒鼓周围。工程师左思右想，终于想到了一个绝妙的办法。那就是，如果能把最重要的感光鼓用完就扔掉不就可以了吗。

这其实也是一种插入式卡带技术。为了能让一般用户完全自助进行机器保养，佳能决定把成像装置、电晕装置、感光鼓和作为消耗品的碳粉与除垢容器综合在一个卡带中，这样用户就能自己进行替换工作。其设计理念是，在感光鼓发生故障以前碳粉就已用完，这样用户就不必为发生故障而烦恼，在那之前就可以自行更换这种综合卡带。

当然，说是设计理念，如果不能以较低成本实际生产就没有任何意义。据说，企划小组的领队曾经拿着啤酒罐的空罐问大家，"制造这个罐子的成本是多少钱？"由于打印机的硒鼓同样采用了铝的材料，所以我们可以认为，它的设计灵感正是来自于铝质啤酒罐。

如此，经过产品开发和生产程序上的创新，佳能终于把售后保养压缩到最小化程度，也成功开发出了没有后顾之忧的产品——"迷你打印机·家用打印机"。这种机型的特点在于其自助式的售后保养，因此公司也不必为其培养服务人员，或设置售后服务点。此外，由于此时打印机已经基本普及，公司也不必设置咨询中心，也没有必要专注于直销网络。与售后服务相似，打印机的销售也可以全权委托给代理商，公司为此又节省了一笔在销售渠道上的投资。

迷你打印机的卓越之处，并不仅仅在于它在产品层次方面的创新。在整个打印机产业中，它的出现也引发了一种新的、凭借插入式卡带技术实现的销售与服务结构。从这个意义上来说，产品层次的创新，已经被提高到了整个行业结构上的创新。

之后，佳能在灵活运用插入式卡带技术的基础之上，又开始向中速和高速打印机市场进军。通过模块设计理念，佳能尽量降低了打印机零部件的数量，这样零件更换就变得更加方便。由于实现了更少的服务网点、更简单的保养服务，佳能十分有效率地铺开了自己的服务网络。

用 P-VAR 结构来解析以上施乐和佳能的商业模式，我们可以得到表 14-2 的分析结果。

表 14-2　施乐和佳能的 P-VAR 分析

		施乐	佳能
P	顾客	大型企业、政府	个人、中小企业
	竞争	湿式、重氮打印	施乐
V	提案价值	高品质、低租金	低价的、就在身边的打印机
A	成长动力	公司自主开发静电复印术 配备销售、服务网络	公司自主开发插入式卡带技术 委托其他公司进行销售、后续服务
	收益动力	以租赁为中心的直销 ·来自于打印机本身的利润较小 ·来自于后续供应的利润较大	以不留库存为中心的代理销售 ·安全剃须刀模式 ·来自机器本体和插入式卡带的利润
R	经营资源	最早的干式打印技术	插入式卡带技术

第 15 章　圈套——看似容易、实则难以模仿的事业结构

在这个世界上，总有一些公司的事业结构"看似容易、实则难以模仿"。有意思的是，越是那些乍看之下特别容易模仿的商业模式，真正做起来越是会吃大亏。

"很容易就能模仿"真的只是因为这样的轻敌态度吗？尽管模仿是一种知性的、创造性的行为，但是总有人未经深入观察就轻易下手。若是初期投资比较少，那还不至于受到致命伤害。一旦不知不觉间陷入深渊，那就真的没有回头路了。这时，那些人只会陷入自己亲手挖的"模仿的陷阱"之中。

为了规避这样的陷阱，本章，我想和大家一起思考一下，那些看似容易、实则难以模仿的事业结构。

不可能产生第 2、第 3 个 KUMON

说起看似容易、实则难以模仿的商业模式，我们可以关注一下公文教育研究会（下文用"KUMON"或"公文"进行表述）这个

组织。

KUMON 是一家成立于 1958 年的教育事业团体。它提倡对每个学生，根据其个人能力的差异进行学习指导，并为此开发了一套能够让学生进行渐进式解题的教材，此后这套教材被广泛应用于 KUMON 的学习教室中。截至 2016 年 12 月，KUMON 在日本全国范围内以特许连锁店的方式开设了 16300 间学习教室，指导过的学生人数达到 155 万人次。另外，在国外 49 个国家和地区，KUMON 也开设了 8400 间学习教室，指导了 265 万名学生的学习，其国外营业额达到公司总额的 45%。KUMON 已经成为教育领域中，保持业绩持续增长、别具特色的存在。

说是别具特色，或许也不太准确，在教育领域想要保持稳定增长的业绩，势必需要在这方面下点功夫。如果仅局限于日本国内，成长的空间十分有限。但是想要在国外拓展业务，又会面临不同国家教育制度和考试制度的差异。然而，尽管存在种种困难，KUMON 在这 10 年间还是维持了稳定的业绩增长。

乍看之下，KUMON 的事业结构似乎很好模仿。只要推行标准化教材，再教一下和算术 / 数学有关的四则运算法则，这种东西要多少有多少。可能大家会认为，先收集一套 KUMON 的教材，然后仿照它编一份差不多的东西，再配备好指导员和学习教室，那很容易就能复制出 KUMON 的模式了。

实际上，无论过去还是现在，日本国内还是国外，想要模仿 KUMON 的企业家真是前赴后继，不胜列举。特别是最近，国外的模仿者表现非常活跃。

但是，这些模仿者对 KUMON 根本不会构成威胁。即便有人模仿，一旦其超过一定规模就会停滞不前。一些企业不知什么时候就会销声匿迹，还有一些小公司虽然还在维持，却也是勉强支撑。

如今，位于大阪府丰中市的 KUMON 纪念馆已经面向大众开放，这里原本是公司创始人 KUMON 公先生的私人住宅。我去那里访问时，听到了一则很有意思的故事。据说，过去曾有很多从 KUMON 独立出来的小团体。这些小团体一般由来自事务局的工作人员，或者是学习 KUMON 式学习方法的外部人员组成，这些人大多希望能够独立经营和 KUMON 差不多的事业。其中，还有部分来自国外的访问者，他们希望能够以自己的方式在本国也推行 KUMON 模式。

要说公文公对这些人的态度，并不是一味地否定。"我并不希望我们是唯一一家根据能力差异展开学习指导的企业，我更盼望第二、第三家 KUMON 的出现。"公文公非常执着地坚信，这种根据个人能力差异进行学习指导的方法应该更广泛地普及到世界上更多的地区。无论现在还是过去，日本社会都认为忽视学习能力的差异、"根据年级不同、集体授课"的学习方式是理所当然的；但是在公文公看来，这种学习方式存在一定的不足之处。

从结果上来看，即便是原 KUMON 的工作人员独立创办的类似机构，也没能获得成功。

那么，到底为什么 KUMON 的模式这么难以模仿呢？让我们来聚焦一下，作为全球范围内业务拓展的原型，KUMON 在日本国内的事业结构是怎样的。

自主学习与正好的学习——面向顾客的提案价值

在 KUMON 没有集体授课，课程内容也没有根据年级或者学力不同进行区分。在这里，你只会看到每一个学生都捧着分配下来的教材，自己在默默地解题。教室里面虽然有"老师"和备受尊敬的指导员，但是指导员的职责不过是为每一名学生选择合适的教材，然后交到学生手里，批改作业，以及在必要的时候给予学生合适的意见。只靠这些，KUMON 的教室里就实现了"正好的学习"和"自主学习"。

所谓自主学习，正如它的字面意思，就是自己学习、自己温习的意思，其中绝不包含老师教课与学生听课的行为。这样说起来似乎理所当然，但实际上，想要实现学生自学，选择过难、过易的教材都不可行。如果学习负荷不是恰到好处，学生精力就无法集中。因此，KUMON 专门开发了一套每一步都被详细分解的教材。

一般来说，在 KUMON 的教室里主要学习算术 / 数学、日语和英语三门科目。以算术 / 数学科目为例，它的教材共分为 28 个阶段（截至 2017 年）。其中，每个阶段又由 200 份教科书组成。可以说，为了学生一点一滴的进步，KUMON 在教材编纂上煞费苦心。

只要有了这套细致区分每一个步骤的教材，接下来只要按照合适的份数、合适的难易度进行选择和发放就可以了。之后，学生可以根据自己的进度"自主学习"。

KUMON 以这套教材为中心，在日本全国以特许连锁店的方式铺开了事业版图。值得注意的是，KUMON 在招聘指导员时花了很多心思。指导员的工作就是分配教材和批改作业，除此之外他不需要专注于教职工作。为此，公文公向有育儿经验的女性发出了合作请求。当然，他也和当地人脉深厚、拥有丰富社交资源的人士进行了多番沟通。但是如果能调动起社会上的沉睡资源，那就不需要再额外支付昂贵的人力费用。

除了人力费比较便宜，女性指导员还有她们独特的优势。作为一名母亲，拥有育儿经验的女性更擅长与孩子相处。此外，排除单纯的经济因素，她们的工作动力更多来自于其自身希望最大限度挖掘孩子们潜在能力的强烈愿望。①

灵活使用独家教材的指导——舞台背后的活动

接下来，如果翻开最重要的教材，就会发现在算术／数学科目上，书里写的不过是和一般的习题集没什么两样的问题罢了。

因此，在日本和其他国家，总有一些创业者希望通过编纂相同的教材对 KUMON 进行模仿。他们认为，只要能编写出同样的教材，那成功是指日可待的。

但是，单纯的模仿并没有带来成功。如果企业不具备一定规模，就连印刷费都挣不回来。有时，正是因为怎样都无法扩大事业规模，创业者就会开始迎合监护人的期望，对教材的形式进行更改，这样反而更难以为继。为什么会这样呢？其实，自从创业以来，KUMON 教材的开发和制作，都要经过一系列严格的探讨研究，包

---

① 在日本，由于担任指导员的基本都是具有育儿经验的女性，所以她们之间的交流活动也非常频繁。无论是自己的新想法，还是与孩子相处得到的经验，都可以和他人像朋友间的谈话一样直率地交流。这种方式既能促进知识共享，又能为今后的新型实践做好铺垫。

括深入调查日本（包括国外）孩子们学习的模式、听取指导员的意见、收集指导数据，参考来自全日本的自主研究会（详细情况见后文）的先进事迹等；如果贸然对这样的教材进行修改，反而不会取得良好的效果。

事实上，即便拥有了标准化教材，如果不熟悉其使用方法，也无法促进孩子们的自主学习。比如，很多事例表明，因为监护人希望孩子从较高的层次开始学习，于是指导员把出发点定得过高的话，对孩子来说那就不是"正好"的程度，学习效果也要大打折扣。

在 KUMON 的学习教室，指导员会根据一定量教材的学习时间和成果，来判断孩子的学习能力，从而再决定是否进入下一阶段的学习。一旦孩子的学习时间过长，或者效果不好，那就必须重新复习。这样的话，对学生来说就是倒车式的学习过程，最坏的情况，可能很长时间都要重复学习同样的内容。

如果指导员看不下去这种情况而横加教学的话，事态只会更加恶化。说起来，KUMON 的学习正是因为超越了年级的界限才发挥出其真正的价值。但是，如果是通过老师的教学才达到一定水平的话，就算学生的知识超越年级平均水准，其自主学习能力也没有真正培养起来。如果再持续教学活动，那对学生本人来说，学习就变成了一件很痛苦的事情，自己也无法掌握"自主学习"的能力。

假设这种情况逐步升级，那 KUMON 也将沦为一般的课后补习班。然而，KUMON 创业的最初目标，就是区别于补习班，希望通过别具特色的活动与资源，提出独有的"自主学习"的价值提案。如果错误地使用教材，那只能使自己陷入教学的陷阱中，也无法激发孩子们自主学习的能力。

KUMON 的网络——深层资源

只有对所有教材都深刻理解，才能给出能够激发自主学习能力的指导意见。但是，想要完全掌握所有的教材，并不是一件容易的事情。

在 KUMON 的组织中，为了帮助指导员深刻理解所有教材、提高指导能力，公司制定了各种各样的培训制度。其中一些制度，如指导员的自主研习会，近年来刚开始尝试的小组研讨活动，以及连锁经营店的指导员之间深入交流、交换意见等，在世界范围内也是比较罕见的。

自主研习会与指导员研究大会

自主研习会，是指导员们为了深入贯彻 KUMON 的指导方法，提高 KUMON 指导方式实践的可能性，指导员自发地提出主题性议案，经过大家一致同意后确认成立的研究组织。

有的自主研习会，不断探求推进两个年级、三个年级的学习内容的指导方法；有的研习会，则专门研究面向残障儿童的指导方式。其中，甚至还有一些研习会的成员跨越国境进行沟通交流。研究主题方面，各个研习会的内容也是异彩纷呈，不过最基本的主题仍然是关于 KUMON 教材的可行性和其相关指导方法的研究。

例如，金泽市就有一个名为"学习 ing"的自主研习会，他们的指导理念是"向学生学习"，成员力求不断加深对教材和指导方法的理解（截至 2010 年的情况）。他们从每个教室的学生中各选出一名观察对象，然后详细记录这名学生的学习进度，并随时与其他教室的指导员交换意见。在奇数月份，十几名核心指导员会集合在一起，就自己的观察对象的情况作详细介绍，相互讨论一整天。之后的偶数月份，大家会召开一次全体大会，将奇数月份的观察情况传达给更多的指导员群体。

笔者也曾经旁听过一次奇数月份的集合会议，当时指导员会把每名学生的学习情况都做成一项研究企划，与其他指导员共同分享这两个月来的进步。在场的指导员对教材特性早已烂熟于心，他们配合默契，互相提出自己的建议。这样，大家彼此丰富的经验常常能够帮助当事人注意到不曾留意的地方，全体指导员对教材和指导方法的理解也在不断加深。通过这样的组织结构，金泽地区的指导水平明显提高了一个层次。

像这样的指导员网络已经覆盖到更加广阔的区域。自主研习会的研究成果，每年都会在年度指导员研究大会上进行发表，进而推广到全日本的学习教室供大家学习。"学习 ing"研习会就曾以"金泽学习 ing 活动改变了 67 人的想法！都是从孩子身上学到的！"为标题在研究大会上作研究报告。即便在距离遥远的地方，同样的活动也在上演。可以说，自主研习会的活动正在向全日本普及开来。

小组研讨活动

另一方面，所谓的小组研讨活动，指的是一项始于 2013 年、以提高指导员对教材的理解和指导能力为宗旨的活动。小组，一般最多由五六人组成，研讨时间约为 3 个月，标准活动约定为三个循环。与众人一起上课的讲座不同，小组采取交互式的、课题解决型的学习形式，补充了一直以来的单纯的讲座式学习模式。

值得关注的是，小组还会使用录像进行事例研究。每个小组团体都有自己的大型显示屏，这样小组成员就可以针对实际指导的事例，一边看实况录像一边增进学习。指导员当场的指导方法都被录像机记录下来，这样大家可以互相指出自己最在意的地方。当指导员把某间教室的学生当作研究事例进行介绍时，他需要对学生的简历、学习的进度、学生的特征与癖好，以及自己是根据什么样的目标才选择了什么样的教材等问题一一进行解释说明。

当学习教材和学生们正在书写的场景出现在大屏幕上时，指导员们会仔细观察孩子们解题的样子。有韵律的解题动作突然停止，啊，那是做错了；犹豫不决中逐渐改变了思考方式，终于解开了正确答案。像这样学生们的一举一动，指导员在其他教室里都会认真观看，并且给出如果是自己此时该如何做的建议。

实际上，作为支援的事务局的工作人员，就在背后巧妙引导着这样的操作，以期深刻挖掘大家互相学习的能力。不同的指导员们一边参照自己的经验，一边思考着其他人是以怎样的思维方式做了怎样的事情。正因为大家早已达成共识：世界上没有绝对的正确答案，所以在这里才可能去探索各种指导方法的可能性。

作为共通语言的教材和类似神秘组织的事务局

为什么在 KUMON，自主研习会的网络可以非常发达，小组研讨式的交互活动也能顺利开展呢？

理由之一，就是它们的教材。KUMON 的教材并不仅仅是标准化的教材，它作为一种所有指导员的共通语言，还是大家交流沟通的基础。多亏这里的教材实行标准化操作，使得工作人员可以互相交流教材的使用方法、其中的进阶脉络和关于孩子们的一切信息。实际上，指导员只需要说一句"这个孩子绊在 D106 教材上了"，大家瞬间就能明白"如果不做笔记，这个孩子就不太会做 3 位数除2 位数的除法运算。"正是由于使用标准化的教材，指导员们相聚一堂展开讨论时，才能瞬间理解对方的问题，并为其提出解决的意见。可以说，这里的教材已经不仅仅是在日本国内，甚至已经成为全世界指导员的共通语言。

理由之二，就是这里的管理方法。很多特许加盟体系中，总部都是处于一种统治、管理加盟店的地位，而 KUMON 则与它们的性质稍有不同。比起统治、管理，不如说，KUMON 的总部一直在为构建指导员之间的网络提供支持，引导指导员通过网络达到自我管理的状态。像自主研习会和研究大会就是这种引导支持的一环。抛弃了从外部进行单方面统治的策略，KUMON 这种间接的管理方法，更能帮助指导员一方面坚守 KUMON 的教学方针，一方面孜孜不倦地追求对孩子来说更加纯粹的指导方法。[1]

还有最为重要的一点，那就是由事务局牵头创建的工作网络，

---

[1] KUMON 的工作组织中，同时存在多个工作网络（区域和全球的网络，以及正式合作与友好关系的网络），这些工作网络有机地交织在一起，为 KUMON 的发展发挥力量。永山晋（2011）经过背景调查，明确了这些工作网络的存在，从而得出结论：每一个工作网络都承担了自己独特的职责，如此又进一步促进了知识的创造与传播。

它就像神秘组织一样严肃、一丝不苟地认真履行着自己的职责。事务局绝不会站在显眼的位置，也绝不会让自己来到舞台前面。即使成功，它也从来不会炫耀自己的贡献。可以说，事务局一直站在舞台背后，用最坚定的立场，为舞台前辛勤劳动的指导员们提供支持。

独特的市场定位

KUMON 在日本的教育领域中拥有自己独特的市场定位。那就是，KUMON 提供的价值，并不是面向考试的东西。不像一般补课班或升学补习班用"教"来提供价值，KUMON 一直致力于让学生用"察觉"的方法提高其自身的学习能力。

当然，在日本的教育产业中，应试类辅导的市场需求非常大，它在商业领域中也占有重要的市场份额。由于 KUMON 的教材并不针对应试教育，所以有不少从小学低年级就在这里学习的学生，到了考试之前就转到补习班中进行学习。

但是，转走的学生中，也有人上了中学又再次回到 KUMON。据说，这类学生在 KUMON 培养自己的学习能力，在升学补习班则学习应试的技巧。

除小学生的学习教育之外，KUMON 的教材也常常被活用于多种领域。例如面向残障儿童的智力教育、针对认知障碍的抑制与治疗，以及少管所中振作计划的支援等。[1]

---

[1]　根据东北大学川岛隆泰教授的调查，使用 KUMON 编写的教材，不仅可以延缓认知障碍的加深，对于有些患者，报告显示甚至可以减轻他们的病情。在少管所应用这套教材后，许多孩子的数学成绩都在进步，有部分少年还因此感觉到：自己并没有被社会抛弃，自己仍然是一个有用的人。

从全球范围来看，KUMON 的市场定位也是十分独特的。事实上，由于 KUMON 的教材是其本身所固有的财产，所以它并没有被行政（就日本来说是文部科学省）的教育体制或课程设置所过度束缚。此外，它也不是为某个国家或地区考试制度和考试方法专门研究的东西。KUMON 的教材，纯粹就是为了一步步提高学习能力而制作的。因此，它可以灵活地适用于不同国家和地域的学习需求，也能超越世界上各地区的学习传统，创造出其独特的价值。

假设，KUMON 的教材不是面向"自主学习"，而是为了最大限度适应日本的考试制度，又会发生什么呢？一旦它只是最符合特定国家的教育体制或课程设置的教科书，那么其影响范围将不会像现在一样广泛。

当然，语言教育，一般也要尽量符合当地的教育体制。但是，基本上 KUMON 的教材主要还是为了推进自主学习而设计的，所以很多情况下它都可以灵活适用。

此外，KUMON 的教材之所以能够在绝妙的时间点提供"正好的学习"，与公司的人脉和工作网络息息相关。所以，它的强大早已形成一种体系。而其他公司之所以无法简单模仿，理由也正在于这一点。

根据 P-VAR 模式，我们可以对以上 KUMON 的商业模式进行整理，结果如表 15-1 所示。

表 15-1　KUMON 的 P-VAR 分析

P	顾客	覆盖范围从幼儿到老年人,但总体来看小学生的比率比较高
	竞争	无(不同领域中有升学补习班)
V	提案价值	通过正好的学习实现"自主学习"
A	成长动力	教材的开发、场所的创造(自主研习会、指导员研究大会)
	收益动力	个人指导与根据能力差异的指导 教学科目总数的增加(延长持续学习时间、增加新会员)
R	经营资源	标准化、细分化的教材(也承担共通语言的作用) 指导员的工作网络和事务局的支持机制

为什么单纯的模仿行不通?

这里我们再来梳理一下,为什么 KUMON 的商业模式很难模仿。其关键点主要有两个。第一,让学生自主学习。想要贯彻这一点是比较困难的。因为有的时候,老师总是忍不住想要去教学生。熟悉 KUMON 历史的职员曾经说过这样的话。

KUMON 指导员的工作,只是为了让学生学会自我修正而对其不断进行检查而已。只要习惯了这种学习方式,学生逐渐就能学会自主学习。当然,自我检讨、自我修正需要更高级的学习能力。但是 KUMON 所要做的事情,绝不是去教会学生,而是激发他们的潜能,从而去注意到这件事。不到万不得已的时候,指导员不会给出自己的建议,更不用说去教会学生某些知识,这是绝对禁止的。

如果在学生自己达到"啊,明白了"的程度之前,就开始进行教学,那这一切就都是无用功了。

KUMON 在给予学生建议的方法上也是独树一帜的。KUMON 的最高指导方针是"提供长度在 10 秒之内的建议"。说是建议，其实只是在学生表示"不太明白"的时候，告诉他"你可以看看 A 程度中的第几册教科书"。学生马上翻开教科书，就会注意到"哦，是这么回事"。通过这样的方法，可以逐步提高学生自主学习的能力。而这一点，也是很难进行模仿的。

第二，KUMON 从不做与学校相同的事情。想要坚守这一点是非常困难的。因为学生的监护人总会提出各种意见与过高的期望值。"看了孩子的试卷，我家孩子在算术上还不错，但是在应用题和几何题上不太行。我想让孩子多练一练应用题和几何题。"

事实上，所谓的应用题，比起算术和数学，有时它的难点在于孩子的读解能力如何。或者，有些孩子在前半部分的计算问题上浪费了过多时间，到后半部分的应用题和几何题时已经没有足够的时间可以分配。

但是，模仿 KUMON 的人总会不自觉地想要回应客户们对孩子的各种期望。这样一来，就和普通的补习班别无二致，也无法编写出促进自主学习的教材。如此，模仿者就会陷入创业的恶性循环。

那么，模仿者们在建立同样的事业时，到底有没有深刻理解 KUMON 的商业模式呢？

乍看之下，KUMON 在创业初期，投入资本相对较少，其事业结构应该比较容易模仿。

但是，KUMON 的卓越之处，并不在标准化的教材本身。KUMON 的整体事业结构，是在"一切为了孩子"的口号下，指导员们群策群力，一起寻找更合适的指导方法，并收取一定的知识产权使用费，作为使用优秀教材的担保。而保证这种事业结构顺利进行的，则是所有职员以教材作为共通语言，每天都为改善指导方法而互相交流的工作网络。正是基于这样的工作模式，KUMON 才在日本，甚至世界范围内，保证了自己独特的市场定位。

仔细调查就会发现，想要复制同样的模式是极度困难的。若是带着半吊子的想法来模仿 KUMON，只会让自己蒙受巨大损失。

难以模仿的结构同样来自模仿

即便是如此成功的 KUMON，其实也有它自己的"模仿对象"。如果说不可复制的 KUMON 的结构同样来自模仿，那么我们大概会从中获得不小的收获吧。让我们拨转时间的轮盘，去看看 KUMON 的"模仿对象"是怎样的情况。

KUMON 的"模仿对象"是什么呢？其实就是其创始者公文公曾经上过的学校。

公文公第一次碰到自主学习的方法，是在小学 4 年级的时候。在当地的下知小学，班主任老师曾对学生们说，"算术科目的教科书，你们提前学多少都行。一直学下去，要是遇到不懂的地方，我会单独教你们每一个人，尽管来问我就行"。

公文公很喜欢这种教学方法，但是很可惜，学校并不认可班主任老师的教学方式，所以这样的学习没过多久就被迫停止了。

然而幸运的是，公文公上中学的时候，又一次遇到了成为"模仿对象"的教育方式。这一次，是在他上的土佐中学。

土佐中学成立于 1920 年，是一所由当地的名人雅士出资筹建的私立学校。公文公上学的时候，全校学生共有 120 人左右，在当时它还是一家规模比较小的中学。学校提倡英才教育，并不会为跟不上的学生停下脚步。同时，老师也不会进行统一指导，有能力的学生只需教给他最基础的知识，以后就全部自学。可以说，土佐中学采取的正是"自主学习"的教育方式。

根据公文公回忆自己成长过程的书中所述，他当时学习的经历是这样的。

当时，公文公的数学老师是助教大野仓之介。他的课基本上没有什么讲义。老师只教给我们最基础的知识，然后就发给学生习题集，让他们自己做。如果有不懂的地方，学生可以去问坐在讲台上的老师。明白了，就再回到座位上，继续学习。可以说这与之前的上课方式完全不一样。

公文公本来就不太喜欢被别人逼着学，这种指导方法正适合自己。此后，公文公从大阪帝国大学毕业，成为了一名数学老师，但是随着执教经验的积累，他认为最有效的方法还是"自主学习"。

公文公最初的执教地点是当地的海南中学，上班后他马上就开始实践这种自主学习的教学法。具体的做法，就是把参考书发给学生，告诉他们"大家自己看书，看得懂就一直往下看，看不懂的地方就来问我"。作为中学教师，这种教学方法是很出格的，但对于公文公来说，这不过是模仿自己中学老师的教学方法罢了。此后，公文公又回到自己的母校执教，在那里，他进一步实践这种自主学习、个别指导的教学方式。

世界上所有的教学方式基本都是集体上课；但是这种方法是强行给学生灌输知识，是强迫学生学习，长此以往，学生根本不能凭借自己的能力有所进步。

文部省提倡学校按年级、集体授课，但是公文公认为这种教学方法存在某种缺陷，所以他将学校的教学方法当作反面教材，建立了一种面向个人的、根据能力差别进行教学指导的学习模式。

但是，这种自主学习的指导方法很容易招致人们的误解。为了推广这种方法，必须得到周围人的理解。正好这时，文部省在学校极力推进教学方法标准化活动，想要在学校实现自由地自主学习变得更加无望。

因此，为了践行自己理想的教育模式，公文公开始在自己家里招收学生。家里的 2 层小楼有 4 个房间，公文公使用其中的两间作为教室，仿照绪方洪庵创办的兰学私塾模式，让前辈学生指导后辈的学习。这种方法得到了学生们的欢迎，放学后，有大概 70 名土佐中学的学生会来到位于私人住宅的教室学习。在此之后，很多具有育儿经验的女性也在家里开设了学习教室，她们的原型，正是公文公的教学模式。

教材的诞生

那么，KUMON 的教材是怎么样编写出来的呢？其诞生的契机，是公文公的长子公文毅在小学 2 年级的时候考试成绩不理想这件事。于是，公文公为了让孩子学会算术，自己编写题目给儿子做。

编写教材的要点，在于"如果学习内容过于复杂，学生会感到难以接受；如果过于简单，学生又会失去兴趣。怎样制定合适的难度，让学生始终保持一种紧张感才是最关键的。"虽然这套教材最初是写在活页本上的，但是其中却包含着公文公在土佐中学的学习经验，以及成为老师后的教学经验。

此后，KUMON 教材的编写工作逐渐委托给具有育儿经验的女性指导员。在指导附近孩子们的学习过程中，这套教材受到大家的好评，并逐渐流传开来。有很多合作伙伴愿意拿出自己家作为学习教室使用。公文公身边也逐渐聚集起了很多有志于培养孩子学习能力的人。

当时，还没有出现类似特许连锁这样的概念。但是，在那个时代，公文公以自己"上学"的体验为模板，打造了一个全新的事业结构。现在，它已经为 KUMON 在全球拓展业务打下了坚实的基础。

第 **16** 章　顺序——先有山后成林

　　无论是好是坏，我们现在的时代都被大家称作是模仿的时代。[①]
随着经济全球化的推进，许多新兴国家的企业都把模仿当作自己的
秘密武器，并逐渐展现出自己的优势。只要是优秀的模仿对象，他
们都会孜孜不倦地向其学习。而企业发展背后的动力，正是来源于
技术的革新。

　　我们的世界正在日渐呈现数字化、网络化的趋势，因此知识的
转移已经变得相当容易。特别是在互联网领域，已经出现了一些复
制网络先进国家的商业模式，再将其推销给发展中国家的企业。产
业链的垂直统合正在逐步解体，核心的电子产品也可以通过市场自
由调度。如今，只要拥有核心零件，即便企业并不具备丰富的知识

_____

① 在神户大学小川进教授的研究（《用户创新》，东洋经济新报社）中，也能看到模仿
的时代已经来临的结论。以日本革新性消费者为对象的调查研究显示，基本上所有人都
没有对知识产权采取保护性行为。这项结果的范围并不局限于日本国内。即便在外国，
革新性消费者在很多情况下，也会以免费的形式公开其他公司的知识产权，使其能够被
模仿、修正，或者是为某项研究服务。由于创新的民主化，这种模仿的连锁反应很有可
能正在我们看不见的地方悄然发生着。

与技术，它也可以生产具有一定品质的电机产品。被大家认为是与模仿相对抗的最后一张王牌——品牌，也已经成为买卖的对象。可以说，模仿带来的威胁越来越大。

神户大学名誉教授加护野忠男，就进行模仿企业的强大之处，曾经说过这样的话："如果我们冷静地思考一下，就会发现处在模仿阶段的企业，其竞争力也非常强大。相反，倒是那些总去抱怨其他公司正在模仿的企业，常会落于人后。"

进行模仿的企业是非常强大的。其中原因，一是因为它可以对市场竞争做出相应的反应，二是因为这将引起它自己的创新。有时，想要明确区分这两种逻辑是比较困难的。因为很多情况下，在对竞争做出反应的过程中就会产生创新。反过来说，创新的结果，就是构筑企业在竞争中的优势地位。

即便这样，由于这两点原因仍然存在性质上的差异，我们还是要对它们进行单独思考。这是因为，根据模仿目的的不同，在"什么时间""向何处的谁""学什么""怎样学"这些因素都是各不相同的。

因此，让我们再来重新思考一下，到底为什么模仿？把学什么、什么时间、向何处的谁、怎样模仿这些要素重新梳理，我们会得到如图 16-1 所示的答案。

·目的（为什么）

·对象（学什么）

·战略（哪个领域、学习谁、什么时间、怎样学）

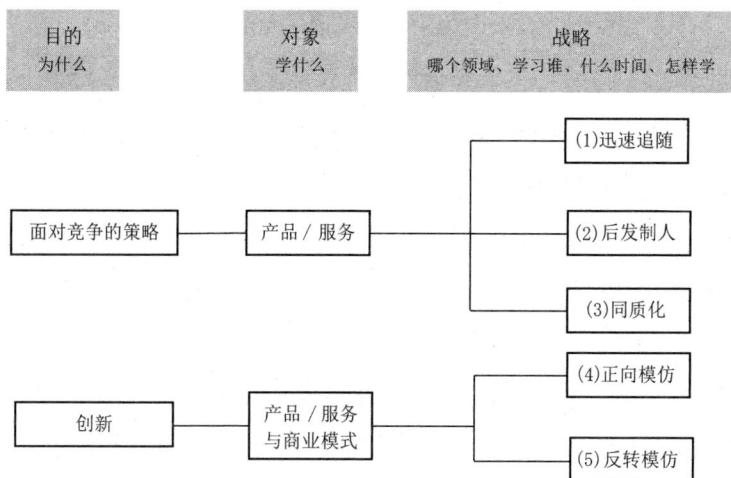

图 16-1 与不同模仿目的相匹配的模仿战略

为了应对竞争的模仿

这里所说的为了应对竞争的模仿，指的是被竞争对手刺激之后，在应对过程中诞生的模仿行为。基本上，在所有为了追赶其他公司的模仿，或者是避免被其他公司抛下的模仿行为中，需要考虑的第一要义，都是自己与眼前竞争对手的关系。

为了应对眼前的竞争，面对竞争对手的动作必须做出迅速的反应。如果不抓紧时间，就无法在生产结构上推行根本性的改组工作。因此，很多情况下，这种模仿的对象都仅仅停留在产品层次而已。

从原则上来讲，值得我们参照的对象，一般都是同领域的先锋企业、成功人士，或者是具备领导资格的企业。我们应该对他们的动向进行原封不动的模仿。

（1）迅速追随

如果想要成为行业内反应第二迅速的企业（Fast Second）[1]，那么一旦你认为业内的先锋企业即将获得成功，就应该马上进行模仿。基本上，从时间来说是越早越好。之所以这样说，是因为如果能在市场建立初期就加入创业队伍，那么自己也能占据相当的市场份额。然而这里的难点在于，自己"能否看清"先锋企业"到底能否成功"。如果到最后才看到成功的可能而开始模仿，那已经为时已晚。

反应第二迅速的企业，应该能以较少的成本取得较多的成果。实际上，根据调查，如果能够非常迅速地跟上先锋企业的脚步，至少可以获得对方 70% 的利益份额。[2] 特别是，如果能对在你之后的模仿者建立一面竞争壁垒，就能确保自己的优势地位。这样一来，哪怕超越先锋企业也不再仅仅是梦想。因此，最重要的一点是，我们必须在先锋企业独占全部利益之前加入竞争，并要比其他人更迅速地开始模仿。

例如，麦当劳（McDonald's）就是一家迅速追赶别人的模仿者。

---

[1] 这里所说的 Fast Second，是根据石家安（2013）的研究提出的，正如它的字面意思，这个词指代的是作为后发者、第 2 个加入市场竞争的参与者。关于 Fast Second，还有其他的解释。Markides and Geroski（2004）所说的 Fast Second，一般认为是指先锋企业，但其实这里指代的是稳坐市场竞争第 2 把交椅的企业。例如，网上书店的先锋企业并不是亚马逊，而是无限书店（BookStacksUnlimited），亚马逊只是第 2 名。在美国很有名气的嘉信理财（Charles Schwab），实际上也不是先锋企业，而是第 2 个加入竞争的企业。需要注意，这些企业在其他的研究中，经常会作为先锋企业出现。

[2] Urban, Carter, Gaskin and Mucha（1986）曾经从 24 个种类的市场主要产品中筛选出 82 个品牌，来研究成为先锋企业后能获得多大利润，以及是否越早加入市场竞争越好。论文的研究结果表明，虽然先锋企业的利润有所保证，并且越早加入市场竞争、获得的市场份额就越高。但是，如果第 2 个加入竞争，那么就算还有第 3、4、5、6 的竞争对手出现，作为第 2 个竞争者的 Fast Second 也能获得先锋企业约 71% 的市场份额。

第一家经营汉堡的连锁企业，是诞生于俄亥俄州的白色城堡（White Castle）。麦当劳没有等看清它的成功之后才开始行动，而是迅速做出反应进行模仿。通过连锁经营机制，麦当劳得以迅速成长，并一跃超过其模仿对象取得了巨大的成功。

作为业界的代表性企业，其中很多都是模仿者。沃尔玛（Wal-Mart）和 VISA 两家企业，如今都是各自领域内的商业巨头，但当初它们也曾是反应第二迅速的企业。在先驱企业占领绝对优势之前，这两家企业就以更简练的形式构筑了自己的商业模式。

为了实现迅速的追随动作，我们必须具备能够详细地收集和分析信息、实行模仿的分解工程（reverse engineering）的能力。并且，我希望大家也能事先做好随时展开模仿的准备。

（2）后发制人

但是，也不是说面对竞争，迅速的反应就一定是最关键的东西。有些情况下，我们也可以采取相同的进攻姿态，全情投入到自己的事业中去。想要使用这种方法，前提是我们手中掌握的经济资源，足够在之后帮助我们挽回自己的市场地位。

所谓的后发制人，是指主观上故意延后加入竞争的时机，然后再奋起直追的竞争策略。只要拥有较高的品质、优秀的设计、较强的品牌力量和足够的销售渠道等经营资源，那么即便是后来出发，也能表现出与先行企业同等甚至超越它的市场表现。而这种策略的关键在于，此时的模仿对象应该是行业内已经获得成功的企业，那么在看清楚它的成功与失败经验后，自己才能后来居上。

例如，软饮行业中的可口可乐日本公司，就是后发制人的典型。即便它是后来才加入到市场大战中，但是凭借着业内首屈一指的自动售货机网络，可口可乐日本公司很快便在罐装咖啡、运动饮料和矿泉水领域抢占了很高的市场份额。

像这样后发制人的战略，在其他产业的企业经营中也能看到。过去，松下集团旗下拥有名为松下电器店（Panasonic Shop）的连锁专营销售店，松下将店铺满日本全国各个城市，组建了一张业内最大的销售网络，以便专门推销松下的产品。即便松下的产品类型在市场上并不是最早出现的，但是只要产品的性价比能够达到或超过同类产品，就能实现后来者居上的胜利。[1]

在计算机与IT产业，同样的竞争模式也在不断重复上演。微软公司把名为Windows的OS（基本软件）做成了行业实际使用标准。[2] 然后，以它为操作平台，采取后发制人的方式推销自己设计的应用软件，比如文字处理器、电子表格软件、演示文稿软件和网络浏览器等。

像这样，只要企业拥有关键的经营资源，它就能一边规避产品开发和打开市场的风险，一边收获和其他企业一样的成功。即便不是亲自打头阵，只要在市场成长期抓住机遇参与进去就足够了。因

---

[1] 可以确认，在基础设置的事业结构方面，同样存在模仿的连锁反应。据说，松下电器产业（现在的Panasonic）就是模仿资生堂公司才建立了专营店销售网络。另外，在快时尚产业中，也存在模仿松下电器产业的销售网络而建立的品牌专营店（only shop）这种销售渠道。专营店销售网络的特征之一，就是它能够对所销售商品的正确使用方法进行详细说明。化妆品也好、电气化产品也好、快时尚产业也好，当购买行为开始时，由于顾客对产品不够了解，专营店就能对产品的使用方法和调整方法进行正确的传达。事实证明，这种销售渠道政策是十分有效的。

[2] 网络的经济性，有时也被称为攀比效应（Bandwagon Effect）。

此，通过这种策略，就可以在看清其他公司的成败前景之后再着手
行动，从而降低自己事业的不确定性。

（3）同质化

还有另一种战略是采取防守的姿态来应对竞争。当竞争对手已
经确实占据市场优势时，就需要进行这种"为了不输的模仿"。

举个例子，假设我们的竞争对手已经开发了一种顾客相对容易
接受的新产品／服务。这时，在多数领域，就会有很多企业采取"总
之先拿出一个类似的东西"这种应对方式。

这其实是一种无差别行为。当企业希望在市场定位上不要落于
人后时，就会采取这种方式，而它们的模仿对象则是同领域中的领
军企业。特别是，当环境的变化和技术的动向不明确的时候，未来
会如何发展谁也不清楚，那么这种无差别行为就会以非常活跃的姿
态出现于市场上。

同质化，与前两种模仿策略的区别在于，即便没有办法保证成
功，自己也要与竞争对手或者业界领导企业保持同步。极端一点来
说，这种策略的产生是基于"成功也好，失败也好，只要自己与他
人没什么差别就行"的思考。有些企业极端讨厌与他人拉开差距，
为了规避其中风险而采取同质化行动。因此，模仿的时机早了也不
行，晚了也不行。这样说来或许会让人觉得有点难，但实际上在很
多情况下，企业在时机的把握上是存有可商量的余地的。

无差别行为，常见于产品或服务层次，但有时也可见于所谓海
外拓展的战略性判断上。例如，假设你现在和对手竞争激烈，同时

争抢出口北美的市场份额。如果对手提前在北美布局了生产据点，此时你会怎么做呢？

一般想来，我们无法预测对手到底能否成功，但是如果等到结果已经明朗后再采取行动，则为时已晚。

这种情况下，如果能够做出无差别行为，则对市场的判断将变得非常简单。成功与否暂且不论，现在要做的就是追随对手的脚步。即使提前行动的对手企业全部失败了，也比有一家企业成功，而自己和人家的差距越拉越大要强得多。

在无差别行为中，有时比起为了应对竞争，也有企业是为了确保自己的正当性而采取行动。[①] 其中的典型，就是企业对社会的贡献度问题。有时如果不跟其他企业保持一致，就会在社会上造成不好的评价，因此自己必须得模仿其他企业。从创业理念上来说，当然有很多企业希望能认真地干出一番事业，但是也有不少公司只是做做姿态罢了。

企业的统领能力也好，人事制度也罢，在制度的导入问题上，多多少少这种关乎体面的事情还是会影响企业的决策。[②] 这种情况

---

① 实证研究表明，就算导入受欢迎的管理技巧，企业也未必一定有良好的业绩表现。这项研究成果的有趣之处在于，它表明：通过导入受欢迎的技巧，CEO 在其位、谋其职的工作正当性就会得到提高，并且他的薪资水平也会相应有所提升（Staw and Epstein，2000）。研究显示，模仿有时并不仅仅是为了追求经济上的利益，其中也包含为了得到社会认可的因素。

② 从学术上来说并不一定合理的制度或手法，为什么有时却能在实业中得到普及呢？管理时尚（Management Fashion）研究能够在一定程度上回答这个问题。据权威人士 Abrahamson（1991；1996）的回答，在外部环境不确定性较高的情况下，企业会倾向于模仿业界领导企业的行为，或者是采用咨询公司给出的提案。在管理时尚研究中，所谓的流行，是基于这种追求正当性的行动而衍生出的产物。不合常理的制度和手法之所以能在社会上得到普及，也是因为"组织正在追随流行"而已。

下的无差别行动，其时机的重要性就会下降。并且，这时的"模仿对象"多是业界的领军企业，而不是自己直接的竞争对手。

表 16-1　应对竞争的模仿战略

	什么时间	哪个领域	学习谁	怎么学
（1）迅速追随	看清成功的可能性之前	相同领域	先锋企业	看到不够完善的地方并克服它
（2）后发制人	看到成功之后	相同领域	竞争对手	一边改善一边再现其模式
（3）同质化	与周边相匹配	相同领域	业界领导企业	重复同样的模式

为了创新的模仿

从模仿目的的角度上来说，还有另一个比较重要的目的就是创新。所谓为了创新的模仿，是一种为顾客提供全新价值，或想要根本性地改善自己经营结构的模仿。

这种模仿行为是希望对其他公司进行学习的模仿，所以它的范围也不仅局限于产品和服务等范畴。就像"新瓶装新酒"一样，如果具有真正意义上的创新产品或生产流程，那我们应该同时准备好一套能够将其最大限度灵活操作的事业结构。

只不过，在事业结构这一层次，想要进行模仿是比较困难的。因此，为了能把别人的结构转变成自己的东西，我们需要付出更多的努力。

从大的范围上来说，这种模仿主要存在两种方式。第一，向遥远世界的范本进行维持原样的"正向模仿"策略；第二，将周边世界的产物进行反转的"反转模仿"策略。

（4）正向模仿

从遥远世界学习的正向模仿，至少存在三个层次。它们分别对应着古罗马模仿教育的三个阶段，即"再生产""变形"和"灵感"。我们在第 4 章中曾经提到过，这里再来复习一下。

"再生产" = 单纯地原样带入

第一层次，就是反复做出与模仿对象相同东西的"再生产"。从遥远世界带来的东西，在带入一方看来是全新的产物。当它在自己的世界成为行业内的新品，"带入"这一行为的崭新性也就由此诞生。这种战略方式，也被称为先锋进口模式（Pioneer Importer）。[①]也就是说，在其他地域或产品市场中，确立起自己作为一个新参加者的市场定位。

"变形" = 根据情况做出改变

第二层次，是容许从模仿对象的模式中有所脱离的"变形"。当一个模式原本的环境与它即将进入的环境存在差异时，我们有必要对其做出改变以适应全新的环境。虽然当一种模式来到不同世界时总会发生各种各样的问题，但是通过创造性的解决方法，它还是能够以全新的姿态应用于我们的世界。

---

① 先锋进口（Pioneer Importer），指在不同的时间、地点、行业、产品等领域第一个进行模仿的人。

"灵感" = 获得新构想

第三层次，是从模仿对象那里获得新的体会，从而将其编入自己的"灵感"。有时我们能从意想不到的地方获得灵感，通过把崭新的构想带入自己的工作模式，就能促进两者结合诞生全新的组合。这一层次的模仿，不是灵光乍现的新想法，而要在抽象化的层次上找出两者的共通本质，才有可能实现。

无论哪种方式，通过把其他世界的东西带入自己的世界，都能促进产业进行全新的组合。带入、适应、观察这种方式与其他引起创新的方式都不一样。

（5）反转模仿

对自己国家或产业中意想不到的对象进行模仿，这并不是创新的全部。有时不仅要跟随优秀教师进行学习，从反面教材那里也能有所收获。以创新为目的的另一项基本战略，就是将自己周围的商业模式进行反转。

反转模仿中同样存在两种方法。第一，是反转全部内容的模仿；第二，是部分反转的模仿。

艾尔弗雷德·斯隆（Alfred Pritchard Sloan，原通用汽车公司总裁）在观察了福特汽车的生产模式后认为，仅仅生产黑色的汽车是不够的，于是他决定生产更多类型的汽车。通过引入比福特更加精细的管控体系，通用汽车重新确立了自己的市场优势。可以说，通用汽车正是受到了福特公司的强烈影响才有所改变，而这或许也是反转模仿的一种。

表 16-2 以创新为目的的模仿

	什么时间	哪个领域	学习谁	怎么学
（4）正向模仿	竞争对手通过模仿获得成功以前	·国外 ·其他领域 ·遥远的过去	成功的商业模式	·再现 ·变形 ·获得灵感
（5）反转模仿	竞争对手通过反转取得成果之前	相同领域	取得了部分成功的商业模式	·整体反转 ·部分反转

创新与竞争策略的组合

为了应对竞争的模仿和为了创新的模仿，两种方法带来竞争优势的逻辑并不相同。擅长模仿的企业，会把多种模仿战略以一种新的形式组合在一起灵活操作。其中的典型，就是中国的腾讯（腾讯控股）公司。

腾讯的创始人马化腾，根据模仿创造了多种类型的商业模式。他曾公开谈到，"模仿是最稳妥的创新"。从这一点来说，腾讯是全球范围内模仿能力最强的公司之一。

腾讯

腾讯是 1998 年创立于中国广东省深圳市的一家从事互联网服务的企业。2004 年，它成功在香港证券交易所上市。如今，它已然建立了中国规模最大的线上共同体。

腾讯的商业帝国非常庞大，它的业务遍布即时通信服务（instant message service）、门户网站（portal site）、搜索引擎、社交网络服务（SNS）等领域，并取得了很多专利。2007 年，腾讯成立了自己的研究所，其中半数以上的工作人员都是从事与技术开发相关的工作。

可以说腾讯是一家具有代表性的中国 IT 企业，其 2015 年的营业额达到了 1029 亿元人民币（约 18500 亿日元），纯利润 288 亿元人民币（约 5180 亿日元）。截至 2016 年 8 月 17 日的收盘时间，腾讯的股票价值总额为 18270 亿元港币（约为 237000 亿日元），这个数字令人惊讶。

腾讯的模仿战略

截至目前，腾讯所从事的服务项目，主要有以下这些。

· 即时通信服务：QQ

· 门户网站：QQ.com

· 线上游戏：腾讯游戏（Tencent games）

· 电子商务：拍拍（PaiPai）

· 搜索引擎服务：搜搜（SOSO）

· SNS：QQ 空间（Qzone）

这些服务基本上都来自于对其他公司的模仿，但是其中的策略却有所不同。其中的关键，在于模仿的顺序，也就是说要从战略上最重要的地方入手。

具体来说，腾讯从遥远的世界模仿，学习服务的基础，在此基础上构建了自己独特的平台。然后向近处的世界学习产品和服务，将其构筑在平台之上，向近处模仿可有效降低风险（图16-2）。

基础服务连接公司与用户，其地位非常重要；因此，腾讯在基础服务方面，采取的是先锋进口战略。在对以色列一家公司开发的即时通信软件ICQ加以改善的基础上，腾讯开发了自己的QQ程序。QQ开放使用仅9个月，登录人数就超过了100万人次。"正向模仿"，就如它的字面意思一样，腾讯对海外世界进行的模仿为公司带来了崭新的力量，从而在自己国家的市场中建立了服务的基础。

以这项基础服务为杠杆，腾讯不断向市场投入了更多的网络服务。例如门户网站——QQ.com，线上游戏——腾讯游戏，以及社交网络服务——QQ空间等。这些服务虽然都来自于模仿，但是其中社交网络服务的研发采取了"反应第二迅速"战略，门户网站和游戏则采取了"后发制人"战略。

并不是说腾讯的所有模仿都取得了成功，但是每当世界上又出现了什么新的服务项目，腾讯都会马上采取模仿行动，从而提高了公司整体的业绩表现。下面，我们就来详细地说一说腾讯的模仿。[1]

----

① 关于腾讯的模仿战略的分析，是笔者和郑雅芳、杨路达共同研究的成果。这项研究本预计在学会上进行报告，或作为学术论文发表，因此是从相对学术的角度明确了论文的贡献。在执笔过程中，笔者主要参考了熊江的《小QQ大帝国》，并对其他资料进行了反复核对。此外，我们还从马化腾在中国各种媒体上发表的讲话，以及《马化腾：让我们谈谈未来》《商业评论》（2013）等资料中，调查了腾讯是在何时、模仿什么，又是怎样模仿的。

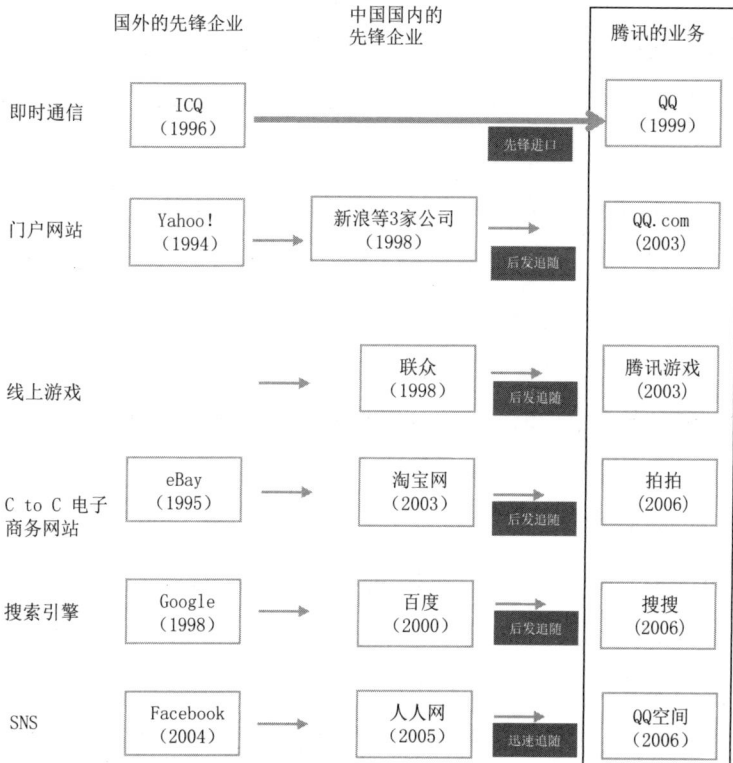

图 16-2　腾讯的模仿战略

模仿以色列而诞生的即时通信软件"QQ"

QQ 是腾讯公司于 1999 年开发的一款即时通信软件。现在，它已经具备了收发信息、语音通话、视频、文件传输等功能，并且在电脑和手机终端均可使用。其月均活跃用户达 9 亿人左右（2016 年第二季度数据）。

在即时通信领域，QQ 属于中国的先锋进口者。1996 年，以色列的 Mirabilis（拉丁文，"神奇"的意思）公司开发了世界上第一款即时通信软件。而马化腾模仿的正是 Mirabilis 开发的 ICQ 程序。

ICQ 获得了巨大的成功，程序正式发布 7 个月后，登录数就达到了 100 万人次。很快，众多类似的即时通信软件接连被开发出来，其中包括美国在线（American Online）公司的 AIM、微软公司的 MSN，以及雅虎公司的雅虎通（Yahoo! Pager，现已改名为 Yahoo! Messenger）等。

ICQ 虽然也登陆了中国市场，但是马化腾在使用时认为其中一些功能不够便利，因此他在对其进行改善的基础上，开发了自己公司的即时通信软件——QQ。

QQ 主要在 4 个方面进行了改良（表 16-3）。首先，以色列开发的 ICQ 没有中文界面，因此 QQ 对其作了改良，可以使用中文登录。其次，ICQ 的好友账户信息全部保存在电脑的本地磁盘中，一旦换了新电脑，信息就全没了。

因此，QQ 把用户登录的好友信息改为保存在服务器中。并且，将收发的信息也保存在服务器里，如此一来即使好友下线也能发送信息，自己也可以和完全不认识的人开展对话。

2000 年，腾讯开发了弹窗广告，这几乎成为 QQ 的代名词。只要一登录 QQ，电脑界面的右下角就会自动显示弹窗广告，并且可以直接从这里连接到腾讯的门户网站和线上游戏界面。通过灵活操作这项功能，腾讯成功引导众多用户使用自己公司的其他服务。

表 16-3　QQ 的改良

ICQ 的不足之处	QQ 的改良之处
只能使用英文操作	可以使用中文操作
好友信息保存在电脑中	好友信息保存在服务器中
只能在在线状态时开展对话	离线状态下也可以进行对话
只能和认识的人进行交流	和陌生人也能进行交流

模仿国内竞争对手的门户网站 "QQ.com"

QQ 的相关服务中，有一项就是 QQ.com。在看到网络广告的巨大商机之后，马化腾于 2003 年开发了这个门户网站。那时，中国已经有三个网络巨头占据了门户网站的绝对优势，分别是：网易（163.com）、搜狐（Sohu.com）和新浪（Sina.com）。

在模仿美国雅虎公司的所有先锋进口企业中，这三家公司先人一步创办了自己的门户网站。这样，根本就没给其他想要模仿的后来企业（比如 AOL 和联想合资创办的公司 FM365 等）留下任何的市场空间。

因此，当时腾讯内部有不少反对的声音。这时想要加入门户网站市场，已经比这些先驱者整整晚了 5 年。

一家门户网站想要打开知名度，必须要有特殊的手段。因此，腾讯利用前面提过的 QQ 弹窗广告，吸引 QQ 用户前往门户网站浏览。用户点一下弹窗，就能直接跳到 QQ.com。通过这种方法，瞬间就能把一条新闻推送给数亿的 QQ 用户，腾讯由此扩大了网站的用户基数。2006 年，网站业绩追上了其他先锋企业，一跃成为中国门户网站的三强之一。

当然，如果不能满足用户的需求，仅仅将其吸引过来也没有意义。为此，腾讯聘请了中国大型新闻出版集团——广州日报报业集团的总编辑，又把新浪和搜狐等企业的约 500 名编辑招入麾下。这样，腾讯的门户网站可以在新闻、社交、娱乐、生活等多个领域为用户提供最新的信息。

不仅如此，在 2008 年北京奥运会举办期间，QQ 的弹窗广告总能先人一步为用户提供比赛结果和奖牌信息，网站因此大受好评。奥运会期间，QQ.com 的日均浏览量达到 10 亿次，超越所有公司成为中国的 NO.1。

从失败中进行学习的"腾讯游戏"

据说，腾讯真正开始考虑加入线上游戏市场是在 2002 年左右。当时，在网吧玩电脑游戏的用户数量持续增长，而 QQ 的使用人数却在逐步下降。

为此，马化腾取得了韩国 Imazic 游戏公司开发的游戏"凯旋"的代理权，并准备将它推向中国市场。但是，由于这款游戏的完成度较低，腾讯在游戏方面也不具备丰富经验，所以这款游戏并没有取得良好的表现，于是马化腾决定改变公司的经营策略。

腾讯对中国游戏业界的先锋企业——联众[①]进行了模仿，开始把业务重点转移到国际象棋和扑克等博弈游戏上。这时中国的一般

---

① 联众是一家成立于 1998 年 3 月的网络游戏公司。当时，中国的网络用户可利用的网站和资源还比较有限，联众的创立者鲍岳桥认为，搜索引擎和线上娱乐市场都非常有潜力。鲍岳桥的兴趣是下棋，所以我认为他想做象棋、围棋相关的游戏网站也是理所当然的。

游戏市场已经比较成熟，技术壁垒也比较低，因此运营风险也比较小。腾讯也更容易利用之前 QQ 的用户基础来打开市场。

2003 年，腾讯正式进军中国的线上博弈游戏市场。QQ 用户无须注册新的账户，直接就可以进入游戏。

运营首日，其游戏种类只有中国象棋、五子棋和扑克这种博弈游戏，而使用者只有 100 人。但是，到了一年后的 2004 年，QQ 游戏（QQ game，现在为 QQ·Games）的同时在线人数已经突破 62 万。比起先锋企业——联众，腾讯进军游戏市场已经晚了五年，但是通过吸引 QQ 庞大的用户群体，腾讯在一年之后就抢走了联众在中国游戏市场的领导地位。

在此基础上，腾讯游戏不断扩大事业版图，开始发展 MMORPG（大型多人在线角色扮演游戏）、ACG（动作游戏）、网络平台游戏和社交游戏等多种在线游戏。现在，在线游戏已经成为腾讯公司主要的收益来源。2016 年第二季度，腾讯的在线游戏取得同比 32％的成长，运营利润高达 171 亿元人民币。

迅速追随的 SNS "QQ 空间"

想要开展任何一种服务，都需要在用户基础固定之前迅速抢占市场。SNS 也是这种类型的服务。

2005 年，由清华大学的学生开发的"人人网"，可以说是在中国 SNS 领域内先驱一般的存在。最初，人人网的用户只限定于清华大学等几所高校的大学生，原本的名称也是"校内网"。从网站的经营理念、顾客目标到网站的设计和功能，人人网都非常酷似美国的脸书（Facebook）。2009 年，网站名称由校内网改为"人人网"。2011 年，人人网在美国的纽约证券交易所成功上市。截至 2015 年 12 月 31 日，网站的活跃用户已达 2 亿 2800 万人。

在 SNS 领域，腾讯在先行公司取得压倒性优势之前"迅速追随"，终于建立了中国最大规模的 SNS。它的名称定为 QQ 空间（Qzone），所以仍然可以直接从 QQ 上连接过去。

在 QQ 空间，用户可以发布博客和照片、观看动画、收听音乐。另外，根据自己的喜好，还可以自由设定个人主页的背景，喜欢编程的用户还可以制作自己的主页。

2005 年，QQ 空间正式上线，此时在它的设计中已经看不到当初脸书的痕迹了。在真正做起这项服务的过程中，可以看出 QQ 空间里导入了博客等功能，同时又在参考了脸书和人人网等应用的基础上，将这些功能融为一体。

QQ 空间，已经成为中国非常重要的 SNS 平台。截至 2016 年第二季度中期，QQ 空间的月平均活跃用户已达到 6 亿 5200 万人，[①] 甚至超越了先行企业人人网。

后来加入却遭遇失败的"拍拍"和"搜搜"

虽然腾讯在多项应用服务领域中都取得了成功，但也不是说它

---

① 只不过，也有人质疑链接账户的统计方法。在科技和相关产业中颇受好评的杂志 *TechCrunch* 中，Robin Wauters 在名为《中国的 SNS、QZone 的确规模巨大，但它真的是世界第一吗》的稿件中发表了以下一番评论。"我看了社交网络的全世界 comScore 的数据，那里只有 QQ.com 访问数量的概要，却没有 QZone 单独的访问数据（QZone 有自己专用的子域地址）。说实话，我不知道这种比较是否真的有意义。因为，到底哪些社交服务是属于 QQ 的，又有哪些是属于社交网络 QZone 的，根本没有说清楚。"（2009 年 2 月 25 日）。

对国内竞争对手的所有模仿都进展顺利。在电子商务 C to C 的交易平台建设上，腾讯采取了和门户网站同样的战略，但是却没能跟上先行企业阿里巴巴集团旗下淘宝网的脚步。

腾讯加入 C to C 的网上交易竞争是在 2006 年。通过从 eBay 和淘宝招揽人才，腾讯以 80 人的规模创建了拍拍（PaiPai）。而这时，淘宝的会员数已经突破了 3000 万，平台交易金额也超越了 169 亿元人民币。

腾讯通过吸引基数庞大的 QQ 用户，成功占领了一定的市场份额、成为第 2 名，但是它和淘宝之间的差距却非常大。即便到了 2010 年，淘宝的市场占有率也高达 83.5%，而拍拍只有11.5%。2012 年，马化腾在演讲中曾经说道："虽然在电子商务上我们把淘宝当作模仿对象，但是很难做出一样的东西。并且越做下去，希望越是渺茫。"终于在 2014 年，腾讯把拍拍转卖给了中国的京东。

腾讯的搜索引擎也遭遇了同样的命运。中文搜索引擎的老大，是 2001 年在北京成立的百度（Baidu）。而腾讯的搜搜，则在百度成立五年后，也就是 2006 年才正式登场。搜索引擎的发展需要高度的技术支持。而这时的百度已经在技术和市场份额上都占据了绝对的优势。因此，搜搜的业绩一直表现平平。2013 年，腾讯与搜狗（Sogou）、搜狐（Sohu）两家企业进行战略合作，成立了专做搜索引擎的合资企业。

成败分明的理由

同样是后来才进军服务市场，为什么成败却如此不同呢？

理由之一，就在于模仿的时机。腾讯所掌握的核心武器，说是平台这一基础也好，其实不过就是用户的接入口和账户而已。就算弹窗广告可以吸引用户，如果连接过去的服务并没有比其他公司更具魅力，用户也不会使用。

作为网络拍卖的代表业务之一，C to C 的网上交易成败，取决于网上商品的种类是否丰富。由于这项服务的特性，它很容易做到一家独大，像美国的 eBay 和日本的 Yahoo Auctions 都在本国市场中占有支配地位。而在中国，阿里巴巴的淘宝已经占据了市场优势，很多用户在上面发布商品，也有很多的交易在上面完成。

想要颠覆这种局面，并不是一件容易的事。我认为，作为腾讯公司，应该在阿里巴巴占领优势之前迅速地追随上去。C to C 的网上交易，比起门户网站和线上游戏来说，只要抢占了先行优势，就更容易实现一家独大的成功。现在说来已经是结果论了，但是看清差异、抢占时机非常重要，腾讯应该从看到 eBay 开始就在中国进口它的商业模式。

此外，在搜索引擎方面，如果没有优秀的引擎就不可能卷土重来。就算使用时，可以从 QQ 的界面直接跳到 QQ 空间的网站，如果得不到自己想要的结果，用户也会拒绝使用。我认为这一点倒是单纯的技术问题，而非模仿的时机问题。

从遥远世界模仿基础部分的意义

腾讯的模仿战略，用专业术语来说叫作平台包抄（Platform Envelopment）战略。它是指，占据了服务平台的基础部分之后，通过后发制人的方式，凭借逐渐添加的服务占领市场，最终成为市场的支配力量。

在 IT 经济产业中，上文提过的微软就是一个著名事例。微软公司把 Windows 的操作平台成功确定为行业标准，之后再逐渐添加文字处理器、电子表格软件、浏览器等软件，最终成为拥有支配性力量的行业巨头。

这种战略的有效性也并不仅仅局限于 IT 产业。过去，可口可乐日本公司也组建了自动贩卖机网络，而资生堂和松下电器产业（现在的 Panasonic）也正是通过连锁销售网络成就自己的市场支配地位的。一旦构建了拥有压倒性力量的销售网络，哪怕之后再进行产品开发，也能实现后发制人的效果。

大家可以回想一下在第 6 章介绍过的似鸟昭雄的话。模仿行为中存在着一定的顺序。

先有山，后有林。有了树林和树木，才有枝丫与树叶。如果没有做好这样顺序的心理准备，就不可能获得成功。从家具来说，像碗橱应该怎么设计，这种单品层次的模仿就等于树叶。所以，首先我们需要对家庭装修的整体风格，也就是家庭这个场所进行必要的设想。在此基础上，我们再来选择房屋装修走哪种路线，最后才是色彩与功能的选择。

如果是这样，我们都应该首先整理好事业结构的基础部分。之后，再从异国和其他行业或者是过去这个遥远的世界中，寻找意想不到的模仿对象。这才是一种有效的手段。

第 17 章　作法——引出模仿力的三个关键

　　竞争战略的本质，并不在于"应该怎样战斗"。

　　一般来说，提到这个话题，人们总是容易联想到"应该怎样战斗"。但是在竞争战略论的文本中，我们应该进行逆向思考。也就是说，我们需要思考的是，在很长的一个时间段内，"怎样才能不去战斗"。这是因为，即便我们可以向同样的顾客群体成功推销同样的产品和服务，总有一天，我们也会和竞争对手陷入血雨腥风的价格战。因此，说得极端一点，我们之所以要制定自己的竞争战略，从明天开始就兢兢业业地、有计划性地做好准备，就是为了在遥远的将来避免自己陷入血腥的市场争夺战。

　　对这种思考方式的结果刨根问底，我们就来到了差别化战略的门口。只不过，说是差别化，最重要的却不是在产品和服务层次上的差别化。一旦产品和服务大受欢迎，虽然我们自己取得了华丽的成功，但竞争对手很快就能把这些模仿过去。然而，如果这种差别化战略体现在生产、流通和组织结构层次，那我们的优势就能保持下去。如果在事业结构层次上被证实自己实现了差别化，虽然它并不显眼，但是一旦通过它构建了自己的优势地位，那么其效果将在很长时间内得以维持。

或许，这就像水面上漂浮的冰山一样吧。

顾客之所以能对我们的产品和服务产生清晰的认识，正是由于在水下起支撑作用的冰块产生了浮力。而这个浮力，就是事业结构的力量，它的诞生来源于我们日常的经营活动和为其服务的经营资源。

结构的模仿

我们说差别化有两种类型，而模仿行为也存在两个层次。它们分别是产品层次的模仿和结构层次的模仿。

关于产品层次的模仿，可以说借由网络的发达，其速度早已得到提升。过去，知识和技术想要漂洋过海传播到各个地方，基本是不可能的事情。模仿者想要对革新者进行模仿，也要花费很长的时间。到了 19 世纪，这个过程大概需要 100 年。而到了 20 世纪前半叶，则缩短到 10 年左右。至 20 世纪末期，只需不到 2 年。举个例子，照相技术的模仿用了 30 年时光，而唱片 CD 的模仿只花了 3 年的时间。

在日常的实际业务中，产品层次的动向总是非常容易吸引人们的注意力。

但是，如果我们明白了竞争战略的本质再来看模仿速度的变化，就会知道，持久的优势地位并不能依靠产品层次的模仿获得。

如今模仿的速度如此之快，就算在产品层次取得了创新，也很快就会被对手追赶上来。如果缺少结构层次上的模仿，在真正意义上来说，也只不过是无差别行为罢了。

因此，主张"模仿的经营学"的本书，才会把研究目光聚焦于事业结构的层次上。[①]

表 17-1　差别化的两种类型

	产品 / 服务的差别化	事业结构的差别化
特征	明显、通俗易懂 华丽的成功 容易模仿 持续时间短	不明显 不容易出现在表面的成功 模仿花费大量时间 持续时间比较长

为了创新的模仿的作法

但是，所谓的事业结构，并不是轻易就能模仿的东西。因此，想要以它为模板创立自己的事业，还颇需下一番功夫。

关于为了创新的模仿，到这里截止，我们已经大概知道了应该参照什么以及具体的操作方法。基本上，我们可以选择对遥远世界的优秀教师或者是周边世界的反面教材进行模仿。

但是，即便我们能够正确地选择模仿对象，如果不能理解关于模仿的作法中最重要的部分，还是会给自己带来麻烦。最后一章，我想说一下需要重点注意的三个关键点。

---

① 比起仅限于产品层次的创新，如果是在流通渠道和生产过程中有所变化的创新，其中新型组合的要素更多，范围也更广。因此，这样的创新也很有可能进一步提高最终提案价值的革新性，也更容易使自己远远甩开其他公司，保持持续性的竞争优势。

（1）看清大的潮流方向，再选择对象（行业）；

（2）融入模仿对象才能找到值得模仿的部分（对象）；

（3）积累经验，时常保持问题意识才能见微知著（自己）。

抓住潮流

第一个关键点，是抓住潮流。这是一种对行业进行观察后的心得体会。观察者需要对自己所处的环境从大局上进行把握，在看清行业的大方向之后，再选择自己的参照对象。在创造性模仿的情境中，即便是其他行业的公司，只要它与自己存在相同的经营脉络，那么这一部分就能成为我们的参考。另一方面，在逆转构想的情境中，很重要的一点是，我们需要搞清楚逆转后的方向是否与自己前进的方向是一致的。我们必须保证，自己对行业的大方向有所理解，即便是逆向思维，也要掌握正确的行驶方向。

曾有这样一家服装公司，当它探索自己的商业模式时，同时还抱有一定的历史观。[①] 那就是：服装行业的主导权，正在从行业上游的纤维生产商、中游的制造批发商，逐渐转移到下游的零售商以及消费者手里。这家公司本来属于中游的制造批发商，从这个历史观出发，它认为在下一阶段的商业模式中，有必要从零

---

① 包含历史观在内的"观念"，在事业创造过程中承担了重要角色。加护野忠男（1988）就曾把包括历史观在内的世界观和基本的思考方式进行概念化抽象处理，形成一种"事业规范"，并为我们提示了一种创造与变革的过程模式。三品和广（2006）认为，在战略的立案与实施过程中，经营者的"事业观"是必不可少的。而事业观的基础，正是"世界观"、"历史观"和"人类观"这三种"观念"。

售商那里获取更详细的市场信息。因此，它在参考了以 7-11 为首的、先进零售模式的基础上，重新制定了制造零售商的 SPA 型事业结构。

此外，还有一家人才派遣公司，它的创始人认为今后人才派遣将有更活跃的市场表现，因此他决定发展这项业务。其创业背景是，在很长的产业历史中，一直存在是把人才当作人还是当作物品来看的两种对立态度。这位创始人认为，时代的潮流总是周而复始、循环变化，因此至少在未来的十年内，市场潮流将转向把人才当作物品看的趋势，所以他从与业内常识相反的角度在脑海中描绘出了自己的商业模式。

想要找到下一个世代的商业模式，就要看清市场潮流，并把它作为一种历史观牢牢铭记。在创业过程中，我们也有必要提前确认自己的提案内容是否符合市场潮流的趋势。

倾听内部的声音

第二个关键点，是倾听内部的声音。这是一种关系如何与参考模式相接触的心得体会，也就是在多大程度上进行模仿才有实际意义的问题。

有人曾说，在艺术领域，平凡的艺术家模仿别人的作品时从外部着眼，而优秀的艺术家，则是深入到他人的作品内部进行"盗取"的。想要到达这个层次，就要深入到参考模式中，并在那里"栖息下来"。①

这是为什么呢？创造或变革一项事业是一件大事。除了需要必要的投资，一旦遭遇失败，甚至还会面临动摇整个事业基础的风险。并且，即便能够收获一定的成果，如果事业结构有所变化，那么工作的进展方法也会发生根本性的变革。

因此，仅仅"觉得很有意思"，是不足以推动事业向前发展的。看看那些从模仿中取得创新的企业家们，他们一定是在心底有自己坚信的东西，或者是注意到了一些别人不曾发现的地方。

此外，他们绝不会从外部对事物进行观察，而一定会站在当事人的角度来深刻理解他的模式。"就是这个"，这种从心底涌现出来的灵感，正是来自于他们对商业模式的深刻理解。

我们也应如此，在模仿的时候，一定不能停留在对外形、表面

① 本书所要强调的，并不是单纯的"把商业模式作为类型进行学习"、"进行形式理论层面上的逆转"或者"把各种想法重新组合就可以了"这种事情。根据这样的顺序，或许的确能够产生有趣的创意。但是，这种做法所带来的商业模式，在实际的工作场景中并不一定有效。

石井淳藏（2009）曾对潜入对象内部、获取内部信息的重要性展开论述。在经营教育的现场，他也探讨过事例研究所能带来的可能性。在事例研究中，如果研究者能够潜入到当事人的意识世界，这种学习就能成为一种具有类似体验性质的学习。

提到从类似体验中展开的学习，Morris and Moore（2000）曾以飞行员训练中所使用的飞行模拟器为例，对它的有效性进行测试研究。所谓的类似体验，存在把自己作为焦点和把他人作为焦点两种方式。此外，还有预测积极结果和消极结果的差异之分。以这两项数据为基轴，可以对比四种类型的类似体验。研究表明，从以自己为焦点，预测积极结果的类似体验中进行学习是最有效果的。

他们二人还注意到，从消极的预测中只能得到"不可以做什么"的间接教训。与此相对，积极的预测则能带来"接下来做什么好"的直接教训。另外，考虑到如果类似体验的中心人物是自己，对学习的关心程度就会提高。那么当我们学习他人的类似体验时，就要时刻注意保持一种当事人意识。

在重视事例研究（类似体验）的商学院中，当事人的实务经验之所以为人们所重视，其理由之一或许也正在于此。

的模仿。即便是逆向思维，也要避免单纯的外部观察，如果觉得有意思就去做，那只会带来失败。

见微知著的灵光乍现

第三个关键点，是时常保持自己的问题意识。这也是在参考他人模式时有关我们自身的心得体会。积累经验，时常意识到我们自身所处的环境是非常重要的。

首先，如果能够经常对自己的事业保持注意力，那么即便是在普通的生活中，即便是出乎意料的东西，也能成为我们的模仿对象。经常可以听到这样的故事，某位负责新产品开发的工作人员，甚至能把和家人一起购物时看到的东西，或者是看剧时的体验和自己公司的产品联系起来。从和日常生活有所区别的东西中获得启示，大家可能会说他"果然眼睛看的地方和我们不一样"。但是就他本人来说，由于自己每天都在思考这个东西，反而是一件理所当然的事情。

进一步讲，如果我们能够深刻理解自己的事业，那么只要看到模式对象的一个部分，我们就能对事业的整体结构有所把握。在论述第二个关键点时，我们说如果不潜入对象内部就无法将其转化为自己的东西，但实际上，要想成功潜入内部，我们还需要一个作为自己实践场所的领域，并拥有一定的经验。

一旦拥有自己的领域，那么在同类事业中，关于能做的、难做的、不能做的都可以拥有切实的体会。大和运输的小仓昌男，就是因为在纽约街头注意到十字路口停放了四辆 UPS（United Parcel

Service）的运输车，才开始确信以收发密度为基轴，建立宅急便商业模式的可能性。铃木敏文也是在美国考察期间看到了7-11的看板，才获得灵感，认为能够拯救日本各地区零售小卖店的经营模式"正是这个"。

大和运输也好，7-11也好，两家企业的管理者都在看到某个经营模式的一部分后就对事业整体结构有所把握。由于某一契机，当你看到其他公司的结构中的一部分时，其整体就会自动浮现在你眼中，而这时内心冒出的声音，就是"一闪而过的灵感"。而这绝非仅仅通过机械的逆转或组合就能得到。只有自己此前的经验已经深度类型化，已经化为我们的血肉、深入我们的思想，才能产生这样的体会。

超越 01 神话，相信模仿的力量

假设，朋友和你商量，"想创业，建立一项新事业"或者"想在公司内部再创建一个新的事业方向"，这时你会给他什么建议呢？即便友人具备相当的能力，你是不是也会犹豫要不要帮他呢？可能你只会说："如果没有一定的才能或者运势，那很难吧！"

虽然这么说是为朋友着想，但是说出这种话的前提，难道不是因为你的固有观念认为，创造就是从无到有，一定要创造出以前没有的东西吗？

可是我想说，即便做不到从 0 到 1，也能进行创新。即便没有崭新的商业模式，也能建立起自己的事业。这样想来，只有天才才能创业，这种想法本身才是一个神话吧。"找到完全匹配的模式，

好好模仿它才是最重要的，不是吗？"如果你能对朋友这样说，不也很好吗？

的确，想要模仿，但是搞错了对象，或者没能捕捉到对方最根本的结构，可能也会失败。而且，有些情况下，如果不能把模仿对象的事业结构逐一还原成单个要素，并概括出其中的原理，也没法构建自己的商业模式。很可惜，并不是每个人都能完成对要素还原的探索过程。

但是，在这里可能有些夸张，我还是想说，创造的基本就是模仿，不是天才也能创业。这时最重要的决定因素，就是找到优秀的模仿对象。只要找到它，就能切实提高成功的概率。①

乐观地想，在世界上的某个地方，一定存在着值得自己参考的对象。只要发现与我们完全匹配的商业模式，就能模仿出完整的事业体系。优衣库（UNIQLO）的创始人柳井正曾说过这样的话："大家都说优衣库是一种崭新的成功模式，但是我的想法并没有什么崭新性可言。事实上，20 世纪 80 年代，美国就有快时尚品牌 The Limited 和盖璞（Gap），英国则有品牌 Next，服装产业的新型经营模式已经有所抬头；而在日本，看到这一现象，和我有共同想法的人应该不在少数吧。但是，之所以只有我们成功了，大概是由于'执

---

① 米仓诚一郎（2005）所编著的相关书目，为我们深入观察企业创造新事业的过程提供了很好的素材。书中还写道：在服务型企业中，经营者特别关注商业模式的重要性。特别是在创业初期，模仿对象的事业结构在新企业中生根发芽，之后又会呈现原型回归的趋势。此外，与本书中介绍的事例相同，米仓也提及了一些发现于国外的商业模式最终成为自己模式的事例。

行力'上的差异吧。"①

　　当然，在这里我并不是说原封不动的模仿一定是万能的。但是，即便在这种情况下，只要我们能找到优秀的模仿对象，就能暂时以它为出发点描绘出自己的商业模式。假如我们能够完成把 1 变成 2 的正向模仿，或是把负 1 变成正 1 的反转模仿，那么就无须再花功夫逐一还原要素、组合商业模式，自然就能找到属于自己的有效模式。

　　存在于商业模式设想过程中的模仿，并不是停留在单纯模仿阶段的东西。同理，竞争战略论中的模仿战略，也不能停留在表层。它是一种以模仿为基础的学习战略，更是一种为了创新才采取的模仿行为。

---

① 菅野宽（2005）的著述虽然强调执行力的重要性，但是我们也能从中看到关于模仿行动的重要信息。

初版后记　别让经营学书籍沦为"消费品"

在商业领域中，少子化和老龄化现象同样越来越显著。

这里并不是说就业人群的平均年龄越来越高，而是指新的事业没有产生，多数的事业却越来越老。根据中小企业厅的统计数据，进入衰退期的事业正在逐渐从世上消失。以日本为例，1990 年以后，歇业率超过开业率的状况一直持续至今，然而却没有任何对策能够阻挡这种经济的少子化和老龄化。

像这样的老龄化问题，不仅限于创业公司，大企业里新事业的诞生速度也在下降。准确地讲，近年来，业内并没有诞生颠覆商业常识的经济类型。截至 20 世纪 80 年代，日本企业曾以破坏性的创新行为让欧美列强头痛不已。然而 90 年代以后，日本再也没有诞生这样的创新。相反，倒是亚洲新兴国家的破坏性创新让日本企业惊慌失措。

这样下去，日本的企业将难以维持，所以我们看到即便是在大企业中，新的商品、新的服务，甚至新的商业类型的创造工作，都已经迫在眉睫。这绝不是一时兴起的短暂浪潮，而是伴随着日本产业构造变革的持续性现象。

然而，说到创新成果，虽然各个企业的情况不尽相同，但是现状不容乐观。

——贵公司商业模式的前景如何？
——再撑10年大概是没有问题，但是之后就不好说了。

我们经常能够听到这样的对话。但是，就算明白这个现状，我们不是也很难大胆地提出变革的建议吗？甚至觉得自己对什么都无能为力，不是吗？

当然，作为一家公司，它当然期待有人提出新的商业模式并且做出成果。但是，没有人会给我们特别的奖励，一边完成日常的业务，一边说服公司上层拿出新的提案，实在是一件很难完成的任务。更不用说，就算我们拿出了方案，对自己公司来说，越是新的商业模式就越难以实现。有位年轻的干部曾经不由地感叹道："五六十岁那一代选择逃避并不愿意冒风险，所以新事业的嫩芽也逐渐被毁掉了。"

虽然当事人可能并没有毁掉创新的意思，但是对于新的提案，他们总是要求确切的数据资料。从原理上来说，想要用实际的数据资料来证明即将诞生的市场潜在规模，是非常困难的。

于是，围绕新事业的创造就会产生一种"平衡"。公司上层对中层没能做出实际成绩喋喋不休，中层却在感叹上层没有给自己足够强大的支援。暂不说是先有鸡还是先有蛋的问题，双方确实都在回避责任。

然而，就在这样的过程中，没有束缚的新兴企业不断在商业模式上进行创新，大公司的业界地位已经岌岌可危。中层员工积极性不高，上层又拒绝奇妙的新构想。由于种种制约因素，大公司很难产生优秀的创意。这样下去真的没问题吗？

自己作为一名研究商业模式的专家、一名面向社会人士讲授MBA课程的讲师，近10年来我一直对这个问题有所关注。究竟应该怎么做，才能想到新的点子，并尝试着做做看呢？经过种种尝试，我终于找到一个方法。那就是一种认为创新诞生于模仿的思考方式，也正是本书中所提到的"模仿的经营学"。

无论是哪里的公司，什么样的商务人士，他们都会有自己想要模仿的企业或企业家。市面上有关商业上的"创新"和其缔造者"成功传奇"的书籍，之所以能够泛滥，也正是由于它回应了人们的这种需求。

但是，有时候即便是由优秀的企业家亲自撰写的成功传奇，读者也只是说一句"很有参考价值"就结束了。刚刚读过之后，无论自己受到了多少刺激，在很多情况下，人们并不会以它为契机去寻找信息源，也不会用自己的眼睛亲自进行确认。结果，这类书籍也并不能改变自己的实践。这样，好不容易出版的成功传奇，与其说是成为创新的生产素材，更多的是成为了人们阅读的消费品。

这样的局面真是令人感到遗憾。因为像这类由建立了伟大"经营"模式的企业家本人所撰写的优秀书籍，其精彩程度已经超越了"经营学"理论的相关著作。本书中曾经提及的名著，例如大野耐一的《丰田生产方式》、小仓昌男的《小仓昌男——经营学》、鸟羽博道的《"是成还是败"的创业记》、霍华德·舒尔茨的《星巴克的成功传奇》，以及格莱珉银行创始人所著的《穆罕默德·尤努斯自传》等，这些书籍能让我们在阅读过程中仿佛置身于他们各自不同的时代。

还有一些书籍，虽然不是企业家亲自撰写的，但是通过细致的取材，还是为读者描绘出了颇具临场感的企业经营过程。本书的参考文献主要有：绪方知行的《7-11零售圣经》，它介绍了日本7-11便利店的创业过程；木下玲子所著的《私塾的全球化》，此书对公文教育研究会向海外拓展业务的背景做了调查；迈克尔·刘易斯所著的《点球成金（MoneyBall）》则以跟踪调查为依据，介绍了运动管理的相关知识；弗莱伯格（Freiberg）夫妇共著的《我为伊狂：美国西南航空为什么能成功》是一部以博士论文的先行研究为契机，对100多人进行采访后，总结出的西南航空诞生与发展历程的作品。通过这些书籍，读者能够深入了解这些企业家在面对困难时是如何思考、如何判断，又是如何进行实践的全过程。

这类书带给读者的临场感，是那些专注于研究"经营学"学问体系的经营学家无论如何也写不出来的。我认为，只有真正经过实践并获得成功的企业家，或是以"经营"而非"经营学"为对象进行采访的作者才写得出来这些书。

但是很多情况下，这些有关经营本质的语言，在一瞬间的震撼以后，就像薄雾一般消散在读者心底，这令人感到非常遗憾。

当然，或许正是这些颇具现实感的文章，才能让读者觉得像小说一样有意思。然而，现实有时比小说更具戏剧性。对于这类书籍来说，令人心跳加速的娱乐性质当然也不能忽略，但是有时它也可以作为一种素材，供读者在聆听商务讲座之前进行预习。

我并不否认读这类书籍作为娱乐的重要价值。让大脑受到刺激、扩展我们的想象是一件很有意义的事。但是，我不希望读者就此简单地定义了这类书籍的存在价值。正因为这些书里描述的都是优秀的经营活动，读者才更应该把它们作为"模仿对象"，从中汲取营养。

如果我们能从一本商业图书中找到"就是这个"的模仿对象，之后从中进行学习的方法是多种多样的。与以前不同，现在通过互联网就能收集到很多信息。杂志上刊登的文章，一般在质和量上都有保证。有时我们还能参加一些行业团体举办的演讲会或者参加一些考察旅行。通过这些简便的方法，我们也能学到很多关于模仿对象的知识。

这种情况下，如果想要获得更加确切的体会，可以尝试在必要的时候与对方进行一些接触。假如实在没有办法取得必要的信息，那么和对方进行业务合作怎么样？或者说，还可以雇用对方企业的退休职工。

只要真心想做，办法有很多种。如果是模仿优秀的经营模式，那就更应该对其打破砂锅问到底。本书中所介绍的丰田、7-11、罗多伦和星巴克这些企业，它们都在使出浑身解数学习其他公司的经营方式。本书的诞生也正是基于这样的思考。书中结合实际案例为读者介绍了前辈企业家如何通过模仿取得了成功。如果大家能从中感受到"模仿的方法"，那真是荣幸之至。

初版谢辞

"究竟应该怎么做才能把包含技术在内的各种知识服务化并实现国际转移呢？"

在早稻田大学亚洲服务商业研究所（Asian Service Business Research Institute）开始研究这项课题的同时，笔者也对此做了调研。通过调查发现，我们不应该站在局外人的角度来看待商业模式的"转移"，而是应该站在当事人的角度努力解开"模仿（带来创新）"的秘密。

从研究所所长太田正孝教授那里，笔者得到了多次参与各种调查的机会，而教授也教会了我在知识转移中"距离"概念的重要性。通过同一所研究所的客座研究员——宾夕法尼亚大学的邢吉天（Jitendra V. Singh）教授，我了解到有关印度商业模式创新中的事业结构以及其诞生的背景。与俄亥俄州立大学石家安教授的直接对话，让我明白了为什么对商业模式的模仿是一种知性行为。通过这次谈话，笔者加深了对研究这项课题的意义的理解。

此外，随着研究所对这项课题研究的不断深入，笔者也了解到了商务领域最新的动向。在执笔过程中，笔者还获得了公文教育研究会的经营企划部和广告部的大力协助，并有幸在角田秋生总经理的面前作了报告。在上海，野田实常务执行委员还向笔者展示了商业模式转移的工作现场，他对大和运输的业务扩展形态做了很好的概括总结，而这次体验也让笔者真实感受到了大和运输的实力。

在 MOT（技术经营）研修会中，笔者与横滨国立大学的谷地弘安教授经常就技术的服务化与海外拓展课题进行了深入交流。另外，建立了日本首家办公室租赁服务（Openoffice）事业的商务银行控股集团（Business Bank Group）的董事长滨口隆则通过他的亲身经历向笔者讲述了模型的重要性。除此之外，笔者也与时尚商务咨询顾问北村祯宏就与 SPA 商务相关的创新活动多次交换过意见。

书中介绍的新思想很多来自于外部的研究组织。加护野忠男是笔者硕士时代的恩师，在六甲商务体系大会上，笔者有幸聆听了老师讲授的存在于彻底模仿中的创造性。在经济产业研究所（RIETI）中，作为全球缝隙产业顶尖研究的一环，笔者听到了研究人员就商业模式所发表的宝贵意见。由于篇幅所限，这里不能列出所有组织的名称，但是笔者非常感谢大家在根据模仿进行事业创造方面给予的有益启示。

若本书内容稍微带有一些学术价值，那要归功于早稻田大学经营学部的优良传统。川边信雄老师基于那些不曾在采访中透露过的经营事实，向我们讲授了与 7-11 以及丰田相关的经营模式。坂野友昭老师经常介绍一些有意思的海外周刊给我们，所以本研究中引用的部分内容也来自这些海外杂志。感谢经营学部的老师们，他们让笔者注意到在学术研究中最重要的东西是什么。

以内田和成老师为首，笔者从职业背景并不相同的各位顾问老师的角度、经验和行动力中学到了很多知识。在面向社会人士的夜间 MBA 课程的学员身上，笔者也了解到了时下重要的经营学课题。此外，早稻田大学校友会的各位同人，也经常与笔者在区域交流的论坛上亲切交谈，彼此结下了真挚的友谊。而早稻田大学商学学术院对社会开放式的研究更是让我获益匪浅。

在这里，笔者还要感谢与我共同进行先行研究和背景调查的硕士同学，以及井上达彦讨论小组第 8 期的学生。特别是永山晋、泉谷邦雄、浦田彩乃几位同学，帮助我进行了资料收集和勘校工作。

当然，如果没有发现了模仿主题意义的日经 BP 社，也没有本书的诞生。日经 BP 社出版局的长崎隆司先生以他源源不断的奇思妙想带给笔者长期的头脑刺激。

通过这次写作笔者再次感受到：没有和优秀的人才相遇，就不可能完成一部作品的写作。

最后，我还要由衷地感谢我的妻子由贵，她在仔细阅读原稿后，从普通读者的角度为我提供了她直率的阅读感想。

2012 年 2 月　于东京的书斋
时值前往美国前，淹没于满屋的纸箱中

写给实践程序版的话

自笔者专注研究商业结构开始，时间已经整整过去了 20 年。

拥有强大事业结构的企业，往往不容易被他人模仿。因此，它才能一直维持较高的利润。笔者就这一问题持续研究了十年，终于弄清了这些企业难以被模仿的内在逻辑。

在这期间，曾有一位讨论小组的商务人士向我提出这样的问题："我们企业并没有那样的结构。到底应该怎么办才好？"还有人说："即便学习了难以模仿的结构，还是没法进行模仿。所以这种学习也没有意义。"他们其实对我们的学习进行了根本性的批判。以此为契机，笔者渐渐对如何创造无法模仿的结构产生了兴趣。

经过调查发现，那些代表行业动向的企业，最初也是模仿其他企业才建立了自己的商业模式。特别是，那些构筑了创造性结构的企业，都曾向其他国家或其他行业进行过模仿。"来自遥远世界的模仿"，正是创新的关键点。

对笔者来说，这是一个非常具有冲击性的事实，理由有二。

· 从模仿中诞生创新之意外

· 不可模仿的结构诞生于模仿行为之悖论

其实，模仿遥远的世界进而取得创新这一逻辑本身非常简单。如果能把不同世界的商业模式（或者是管理与科技）先人一步带到自己的世界中来，那么这项模式一定是带有崭新性的。有时也被称为先锋进口的这种方法常常能在商业模式与市场之间产生新的组合项。如果这种组合带有一定的经济价值，那就能够转化为创新。

但是，系统说明这种方法的书并不多。基本上多数图书介绍的都是对同行业内其他公司的模仿，并把目光聚焦于后发制人的竞争战略。即便是在提及模仿是创新之母的书中，作者也漠然忽视了其中的逻辑。因此，我决定写一本介绍从模仿中产生创新的思考方法与手法的书。

所谓从遥远世界进行的模仿，它在带来创新的同时也会带来竞争战略层面上的优势。

如文中所说，竞争战略的本质是"花费十年的时间构建一种非竞争的企业状态"。其中或许会有很多方法，但至少我所说的这种——从遥远世界进行模仿的方法能够使其变为可能。

首先，关于其他国家或行业内的"模仿对象"，相对容易收集到它们的信息。由于不存在直接的竞争关系，通过跨行业交流等方式，更能听到其本质内容。高层同事之间或许关系不错，但是他绝不会告诉你机密的内容。在其他国家或行业中，虽然存在很多需要努力学习才能明白的业务知识，但是相对来说，信息也更加容易收集。

其次，这样也不容易向同行的竞争对手暴露自己的动向。其他国家或行业内的事业结构，乍看之下似乎和自己没什么关系。如果你以它为对象进行模仿，在对手看来那应该是一幅奇异的景象。"这到底是在干什么呢？""就算那么做也是没用的。"对手大概只会这么想吧。

特别是当你的模仿违反业内常识时，这种倾向就更加明显。这样的操作在对手看来简直莫名其妙，或者他们会认为你的举动根本不合常理。只不过有一点，对手绝不会认为你的操作是一种威胁。

因此，等到你做出成果对手想来取经时，那已经过去了很长时间。假设对手还想模仿你的结构，那等它真正在其公司发挥作用，仍然需要大量时间。所以，对手想要赶上你，势必需要长时间的准备。保持这种领先地位并继续推进事业结构的进化，你就能长期在市场竞争中占领优势。

想要占据这样的优势必须要经历模仿过程中的种种困难。正因为我们处在一个模仿的时代，防止别人模仿自己才显得越来越重要。但是，只有具备了一定的模仿能力，才有可能构建起令人难以模仿的事业结构。这真是意味深长，不是吗？

最后，在本书的执笔过程中，我还想向多方人士表达我的谢意。

首先，我要感谢帮助我意识到可以将《模仿的经营学》一书进化到实践程序版本的各位。

东京大学 i.school 的执行指挥官堀井秀芝教授向我介绍了有关类推理论的研习会。广岛大学产业学·地域合作中心的川濑真纪副教授为我介绍了有关括号理论的研修小组。一桥大学国际企业战略研究科的楠木建教授指导我看清了"优秀的模仿是垂直方向的动作"以及其中的本质。综合以上各位老师所传授的理论和自己的知识背景，我才得以完成本书的写作。

此外，在与实业家的谈话中我也受益良多。从商务银行控股集团的董事长滨口隆则、QUNIE 公司的常务董事细谷功、Bloomconcept 股份公司的董事长小山龙介等人那里，我也获得了很多基于模仿带来创新思考的启示。

篇幅所限，这里无法列举所有帮助过我的人士的名字，但是由于和他们的相遇，我在早稻田大学的研究课题才能被文部科学省 EDGE 程序（全球企业家育成促进事业）采用。执行委员长高田翔三教授（早稻田大学理工学术院）一直亲切地关心我的写作。事务局长朝日透教授（早稻田大学理工学术院）则一直充满活力地推动我的写作进程。此外，我还要向与我合作的重要人物——岛冈未来子副教授（早稻田大学研究战略中心）以及商学院中一直支持我完成先进教育程序的商学院院长藤田诚教授、教务主任横山将义教授表达我的感谢之情。

除此之外，井上研究室研讨小组的学生们始终保持着知性的好奇心，他们协助我完成了调查工作。学院研习会的第 10、11 期学生，以不输给硕士生的努力帮助我进行背景调查、收集基础数据。特别是第 11 期学生樋口玲央、远藤麻衣、松冈映里对本书的贡献十分突出。现场娱乐产业的分类图就是我与他们共同制作的。

我在 EDGE 中学到的知识，也曾在《一桥商业评论》（东洋经济新报社）的连载文章《创造商业模式的思考法》中介绍过。感谢这次执笔的机会，我把自己的所学所想进一步系统地总结为创新的实践程序。本书中有部分内容就是引用于此。

我还要感谢认可本书的价值并重新以实践程序版本出版发行本书的日经BP社。特别是出版局第一编辑部的长崎隆司先生，从文中概念到细枝末节的敲定，他都给予了我很多恰当的建议。多谢他带有刺激性的新想法，我才能非常纯粹地享受写作的乐趣。这本书，可以说是我与编辑的共同作品。

最后，感谢我的妻子由贵，她在细致地阅读原稿后，站在普通读者的角度发表了率直的评论。还要特别感谢在百忙的大学授课和EDGE工作中抽出时间给予我鼓励的魁人、耀士郎和珠里。

2017 年 1 月　周日于东京家中

井上达彦